低利率时代的财政政策

［法］**奥利维尔·布兰查德** 著
（Olivier Blanchard）
张文婷 译　刘天琦 校译

FISCAL POLICY UNDER LOW INTEREST RATES

中信出版集团｜北京

图书在版编目（CIP）数据

低利率时代的财政政策 /（法）奥利维尔·布兰查德
著；张文婷译；刘天琦校译 . -- 北京：中信出版社，
2024.10. -- ISBN 978-7-5217-6904-3
Ⅰ . F815.650 565
中国国家版本馆 CIP 数据核字第 20243B99B3 号

Fiscal Policy under Low Interest Rates by Olivier
Blanchard © 2022 Massachusetts Institute of Technology
Simplified Chinese translation copyright © 2024 by CITIC Press Corporation
ALL RIGHTS RESERVED
本书仅限中国大陆地区发行销售

低利率时代的财政政策

著者： ［法］奥利维尔·布兰查德
译者： 张文婷
校译者： 刘天琦
出版发行：中信出版集团股份有限公司
（北京市朝阳区东三环北路 27 号嘉铭中心　邮编　100020）

承印者： 北京联兴盛业印刷股份有限公司

开本：787mm×1092mm 1/16　　印张：13.75　　字数：150 千字
版次：2024 年 10 月第 1 版　　　　印次：2024 年 10 月第 1 次印刷
京权图字：01-2024-4534　　　　　书号：ISBN 978-7-5217-6904-3
定价：68.00 元

版权所有·侵权必究
如有印刷、装订问题，本公司负责调换。
服务热线：400-600-8099
投稿邮箱：author@citicpub.com

致罗伯特·索洛（Robert Solow）

目 录

序   III
第一章   绪论   001
第二章   基本概念   019
     一、中性利率 r^* 023
     二、安全利率 r 和风险利率 $r+x$ 027
     三、中央银行的作用：努力实现 $r=r^*$ 029
     四、"$r<g$"为何如此重要？   030
     五、名义利率、实际利率以及有效利率下限   033
     六、结论   037
第三章   过去和未来的利率演变   039
     一、安全利率的演变   043
     二、利率和增长率   056
     三、人口演变的作用   060
     四、结论   063

第四章　债务可持续性　　067
　　一、$(r-g)<0$ 时惊人的债务动态　　073
　　二、不确定性、可持续性和财政空间　　079
　　三、人们能设计出好的债务可持续性规则吗？　　092
　　四、公共投资和债务可持续性　　097
　　五、多重均衡与中央银行的作用　　104
　　六、中央银行、救助和减记　　113
　　七、结论　　118

第五章　债务和赤字的福利成本与收益　　121
　　一、确定性下的债务与福利　　126
　　二、不确定性下的债务与福利　　131
　　三、财政政策、有效利率下限和稳定产出　　140
　　四、厘清脉络　　146

第六章　财政政策实践　　159
　　一、全球金融危机后的财政紧缩　　163
　　二、日本经验：成功还是失败？　　170
　　三、拜登赌注：r、r^* 和 g　　180

第七章　结论和亟待解决的问题　　189

注释　　197

序

"当实际情况发生变化时,我就会改变主意。这位先生,您会怎么做?"(这句话通常被认为是凯恩斯说的,但并没有确凿证据表明他真的说过这句话。)从 20 世纪 80 年代中期开始,实际利率稳步下降,这一事实变化触发了我的写作动机。随着时间推移,我发现这是一个本质变化,它很可能还会持续下去,尽管会有起伏(我将在书中再讨论这些问题)。这种变化迫使我们重新思考财政和货币政策的作用。

本书重点探讨低利率对财政政策的影响,回顾相关理论和实证,尤其探讨了低利率对当今发达经济体政策的实际影响。[①]

本书的目标读者主要是政策制定者和相关从业人员,他们必须在未来几年学会如何在未知领域中前行。这些都是我想要,也

---

① 将这些结论转化为新兴市场和发展中经济体中的理论是很重要的,这需要广泛的探讨,我决定不在本书中探讨这些。关于发达经济体和新兴市场在这方面的共同点和差异,参见 Blanchard, Felman, and Subramanian 2021。

需要说服的人。讨论财政政策最大的挑战是人们普遍谈"债"色变，认为公共债务非常糟糕的观念如同宗教信仰般无法撼动。你可否从本书开始，尝试采取更全面、更客观的态度？不是要依赖债务，而是懂得何时以及如何使用债务。

这本书与其说是专著，不如说是随笔。对于许多问题，我仍然没有完整的答案，有些问题甚至不确定是否有正确解。书中的讨论涵盖了一系列复杂且尚未得到解决的宏观经济问题，比如：经济的动态低效率问题，股票溢价的原因，量化宽松政策的实施（或不实施），国际资本流动"骤停"对投资带来的冲击，以及货币乘数决定了货币供给扩张能力的大小。我试图找出不确定或有分歧的地方，试图在书中用简洁的文字答疑解惑，在专栏中做更精确的分析。一些读者可能会觉得这样的处理方式太复杂，而另一些读者又会觉得过于简洁。顺其自然吧。

2022年6月，我在阅读校样时补充了最后一句话。其实，在2021年年底我已经完成了本书的写作。从那以后，通胀加剧，各国央行都在提高名义利率，但实际利率仍然处于极低水平，未来还会进一步上升。正如读者将会在书中看到的，我在很大程度上已经预见了这些变化，并解释了为什么我认为它们可能只会导致利率暂时上升，之后实际利率又会回落到较低水平。我始终坚持我的观点。

在此我需要感谢非常多的人。

第一，必须感谢我多年来在财政政策问题上的合作者：乔瓦尼·戴尔·阿里西亚、鲁迪·多恩布什、斯坦利·费舍尔、贾森·弗曼、弗朗西斯科·贾瓦齐、阿尔瓦罗·莱安德罗、丹尼尔·利、罗伯托·佩罗蒂、让·皮萨尼-费里、阿文德·萨布拉马尼安、田代武、安赫尔·乌比德和杰罗明·策特尔迈尔。特别感谢劳伦斯·萨默斯，近50年来的讨论令我受益匪浅。

第二，感谢许多人对本书初稿提出意见和建议：西尔维娅·阿德格纳、阿涅斯·贝纳西-克雷、洛伦佐·比尼-斯马吉、约翰·科克伦、彼得·戴蒙德、卡洛·法韦罗、乔·盖格农、奥利维耶·卡尼尔、维托尔·加斯帕、何塞·德·格雷戈里奥、马丁·赫威格、帕特里克·霍诺汉、格哈德·伊宁、巴斯·雅各布斯、劳伦斯·科特利科夫、阿尔温德·克里斯纳姆塞、保罗·克鲁格曼、格里高利·曼昆、菲利普·马丁、阿蒂夫·迈恩、中村惠美、莫里·奥布斯特菲尔德、罗伯托·佩罗蒂、让·皮萨尼-费里、亚当·波森、吉姆·波特巴、泽维尔·拉戈特、克劳斯·雷格林、里卡多·雷斯、李昌镛、安东尼奥·斯普里姆伯格、科恩·图林斯、保罗·塔克、安吉尔·乌比德、安妮特·维辛-约根森、艾蒂安·瓦斯默、克里斯蒂安·冯·维茨扎克、雅各布·冯·维茨扎克、伊万·沃宁和查尔斯·韦普洛兹。特别感谢戴维·威尔科克斯，他逐字逐句阅读手稿，使本书更加完善。

第三，我要感谢美国彼得森国际经济研究所（Peterson Institute for International Economics，PIIE）的许多同事，他们自愿加入本书的读书会。除了前面已经提到的人，读书会还包括雅各布·柯克加德和马迪·萨尔森巴耶夫，来自美国国会预算办公室（Congressional Budget Office，CBO）的迈克尔·法尔肯海姆、林景默和约翰·塞利斯基，以及来自国际货币基金组织（International Monetary Fund，IMF）的拉斐尔·埃斯皮诺萨和丹尼尔·利。我还要感谢为美国麻省理工学院出版社审阅本书的两位匿名审稿人。

第四，我想感谢在美国麻省理工学院出版社开源平台上对本书初稿提出宝贵意见的人们，其中包括维韦克·阿罗拉、迈克尔·本-加德、约翰内斯·布鲁姆、弗朗西斯科·弗兰科、埃戈尔·戈尔诺斯泰、堀口雄介、理查德·卡兹、迈克尔·凯利、加洛·努诺、加布里埃尔·帕特森、阿塔纳斯·佩纳科夫、杰迈玛·佩佩尔·斯雷布尼、约翰·奎金、拉尔斯·斯文森、吉安·玛丽亚·托马特、查尔斯-亨利·韦穆勒和斯塔夫罗斯·泽尼奥斯。我非常感谢美国麻省理工学院出版社能够提供这样一个免费的开源平台，它提高了本书的早期知名度，有助于促进当下的讨论和政策决策，平台上的许多评论还指出了我未曾意识到的错误，使它们能够在本书正式出版前得到及时纠正。

第五，我要感谢本项目和早期相关项目中出色的研究助理团队的成员：贡萨洛·胡尔塔斯、迈克尔·基斯特、朱利安·梅尔和托马斯·佩利特。

第六，感谢亚当·波森和美国彼得森国际经济研究所为我提供了良好的工作环境。

最后，感谢诺艾尔，她又一次支持我沉浸在写作的世界，让我心无旁骛，无须分心处理其他事务。

像往常一样，书中的所有错误都由我本人承担。所有的未竟之事也将成为我未来的研究课题。

奥利维尔·布兰查德

华盛顿哥伦比亚特区

2022 年 6 月

第一章

绪论

如果仅说发达经济体的政策制定者们正面临着不同寻常的财政环境，那也太轻描淡写了。表1.1中列出了7个主要经济体的基本数据（数据截至2022年1月），净债务率（NDR）处于历史高位，大多数国家的净债务率都高于100%；2021年，除德国以外，其他国家的净债务率都远高于2007年全球金融危机爆发前的水平。财政赤字率也非常高，虽然这在很大程度上反映了新冠疫情的持续影响，但实际上赤字率在2019年就已经非常高了，尤其是美国和日本。与此同时，名义利率极低，3个月期国债收益率大多为负，10年期国债收益率也非常低。在表1.1中的所有情况下，10年期名义利率都低于预期通胀率，这也就意味着实际利率为负。

表 1.1 净债务率、赤字率和利率

国家	净债务率（%）		财政赤字率（%）		利率[a](%)	
	2021[b]	2007[b]	2021[b]	2019[b]	10年期	3个月期
美国	101.9	45.5	−10.8	−5.7	1.7	0.2

（续表）

国家	净债务率（%） 2021[b]	净债务率（%） 2007[b]	财政赤字率（%） 2021[b]	财政赤字率（%） 2019[b]	利率[a]（%） 10年期	利率[a]（%） 3个月期
德国	54.4	53.4	−6.8	1.5	−0.0	−0.7
法国	103.3	58.0	−8.9	−3.1	0.3	−0.7
意大利	142.2	95.7	−10.2	−1.6	1.3	−0.6
西班牙	104.5	22.4	−8.6	−2.9	0.7	−0.6
英国	97.2	36.5	−11.9	−2.3	1.2	0.2
日本	171.5	94.4	−9.0	−3.1	0.2	−0.1

a 利率数据为2022年1月28日数据。
来源：Investing.com。
b 2021年净债务率数据是当年10月份对年底数据的预测。
来源：IMF《财政监测报告》，2021年10月。

  这导致政策制定者和学者对于在这个关键时刻应该采取什么样的财政政策经常持截然不同的观点。一些人重点关注债务水平过高的问题，认为亟须实施财政整顿，稳步减少债务。一些人则认为保持债务规模稳定、接受较高的债务水平就可以。关注低利率的一些人则认为，现在是政府借贷的好时机，尤其是可趁机为公共投资融资。还有些人则认为应该采取更激进的解决方式，如减记中央银行持有的债务。[1]

---

[1] 如德国前财长沃尔夫冈·朔伊布勒曾说："只要不忘记还款问题，在危机时期通过举债来稳定经济是可行的。之后债务还是需要偿还的，这一点经常被忽视。"（《金融时报》，2021年6月2日）；诺贝尔奖得主保罗·克鲁格曼认为："最重要的是，如今政府债务已经不是一个大问题了。"（《纽约时报》，2020年12月3日）；150位法国经济学家曾发布联合声明："让欧洲各国与欧洲央行（ECB）达成一个协议：欧洲央行同意免除其所持公共债务，欧洲各国同意在生态和社会重建方面投入相同规模的资金。"（《世界报》，2021年2月5日）。

政策制定者对此问题的看法和所采取的行动很快会产生重要影响。很多人认为,全球金融危机之后,政府过于重视减少债务,财政整顿力度过大,影响了经济复苏。欧洲的政策制定者现在面临一个非常具体的问题:为应对新冠疫情危机,欧盟现行的财政规则已经暂停执行。人们普遍认为欧盟需要彻底改革旧规则,其政策制定者必须以正确的方式重新设计财政规则。

下面对全书内容和主要结论进行了概括,[①]是为时间有限的读者所准备的阅读指南。如果你确实时间有限,本书最后一章总结了全书的基本主题。你如果打算阅读整本书,可以直接跳到后续章节开始阅读。

第二章介绍了与利率相关的五个概念,这五个概念将贯穿全书。

第一是中性利率 r^*。[②] 中性利率有两种定义。第一种定义:假设实际产出等于潜在产出,中性利率是储蓄和投资相等时的安全实际利率。第二种定义:中性利率是总需求和潜在产出相等时的安全实际利率。尽管这两种定义实际上是等价的,但它们代表了对中性利率决定因素的不同思考方式,这两种定义在后文中都会用到。

第二是安全利率和风险利率(如股票回报率)之间的区别。

---

① 我知道这很不寻常。但我明白我们都有太多的书要读,而我们的(至少是我的)精力现在变得非常有限。
② 中性利率(the neutral interest rate)也被称为自然利率(the natural interest rate),由瑞典经济学家维克塞尔提出。但是,就像自然失业率一样,它绝不是自然产生的,而是取决于行为和制度。因此,我将自始至终使用"中性利率"一词。

它显示了感知风险增加或风险厌恶增强将导致风险利率上升、安全利率下降。当我们查看后面章节中的相关内容，思考低安全利率背后的因素时，这一区别将被证明在实证分析中具有重要意义。当前的低安全利率是储蓄或投资变动造成的，还是风险或风险厌恶增加导致的？

第三是中央银行的作用。我们可以这样认为，中央银行货币政策旨在有效调控安全实际利率 r，使其尽可能地接近于中性利率 r^*，从而使实际产出接近于潜在产出。一个重要的结论是，尽管有时中央银行会因当前的低利率而受到指责，但政策利率大多反映了低中性利率，而低中性利率 r^* 又反映了其背后的影响因素，即储蓄、投资、风险和风险厌恶。也就是说，低利率不应归咎于中央银行，低利率是潜在基本面因素的反映。

第四是不等式 $(r-g)<0$ 的重要性，其中 r 为安全实际利率，g 为经济的实际增长率。当 $r<g$ 时，如果不偿还债务，债务将以 r 的速率累积，产出则以 g 的速率增长。因此，在不增发债务的情况下，债务产出比将逐渐下降，进而改善债务动态。鉴于在可预见的一段（较长）时间内，r 很可能小于 g，这将在我们后续讨论财政政策时发挥重要作用。

第五个与利率有关的讨论涉及有效利率下限（ELB）的性质和影响。由于人们可以持有名义利率为零的现金，中央银行无法将名义政策利率降至远低于零的水平。这意味着，中央银行无法使名义政策利率远低于负通胀率。我们将此利率称为 ELB 利率，并用 r_{min} 表示。当中性利率 r^* 非常低时，有效利率下限的存在制约了中央银行将利率 r 下调至与 r^* 一致的能力，导致 $r>r^*$。也就是说，这可能缩减甚至消除货币政策将实际产出维持在潜在产出水平的空间。这是近年来许多中央银行经常面临的情况，对我们后续讨论财政政策也具有重要的影响。

第二章的结论部分指出，中性利率 r^* 随时间的推移而下降，并跨越两个重要的临界点。首先，随着中性利率 r^* 的下降，r 已经小于 g，这对债务动态和财政政策产生了重要影响。其次，在某些情况下，中性利率 r^* 已低于有效利率下限 r_{min}，限制了货币政策将实际产出保持在潜在产出水平的能力，进一步增强了运用财政政策的必要性。

第三章探讨了利率的演变，共分为四节。

第一节研究了安全实际利率随时间的演变。数据表明，即使忽略 20 世纪 80 年代中期的高实际利率（主要是央行采取反通胀政策的结果），在过去 30 年里，美国、欧洲和日本等发达经济体的安全实际利率也都在稳步下降。其下降既不是 2008 年全球金融危机造成的，也不是新冠疫情危机造成的，而是更持久的深层基础因素造成的。

安全实际利率的下降导致经济增长率和安全利率之间的差值扩大，并使（r-g）这一负值的绝对值越来越大。虽然潜在增长率略有下降，但利率下降的幅度要大得多。虽然过去也有（r-g）为负值的时期，但这一次看起来有所不同，这一次既不是因为战争，也不是因为低名义利率导致的高通胀，更不是因为金融抑制。

安全利率下降的背后有不同的潜在因素。不同因素对储蓄/

投资和无风险/风险利率有着不同的影响。影响储蓄和投资的因素对所有利率的影响大致相同。风险和流动性因素则会导致安全利率降低和风险利率提高。证据表明,这两组因素都在起作用。每组都包含很多种因素,但各种因素具体发挥的作用很难确定。我深入研究了其中的两个潜在因素,发现对前者的讨论具有误导性,对后者的讨论则令人困惑。

第二节研究经济增长率和利率之间的关系。人们普遍认为这两者是密切相关的。事实上,一些研究基于"欧拉方程",通过效用最大化推导个人消费增长与利率的关系,得出两者具有高度相关性的结论。然而,我认为,并不能从这种相关性中得出总消费增长(或产出增长)与利率之间的关系。事实上,也许令人惊讶的是,总消费增长(或产出增长)与利率之间的相关性很小且经常不存在相关性。较低的潜在增长率并不是低利率的主要原因。

第三节探讨了人口演变的作用。在发达经济体中,主要有三个方面的人口演变在起作用,分别是生育率下降、预期寿命延长和"婴儿潮"效应消退。一些研究人员认为,这些变化在一定程度上是导致低利率的原因,但是未来这些变化可能还会逆转,导致利率上升。我认为,在未来预期寿命延长可能会成为主导因素,这可能会进一步降低利率,而不是提高利率。

第四节的总体证据表明,安全利率的长期下降源于深层次基础因素,这些因素在短期内似乎不太可能逆转。然而,这个结论必须加两个限定条件。一是我们对利率下降背后的原因没有足够精准的认知,不能完全确定这些因素不会在短期内逆转。因此，在设计财政政策时，必须假设这些因素在短期内逆转的可能性很小，但仍然存在这种可能性。二是未来的利率走势不是外生的，在很大程度上取决于财政政策本身。例如，2021年美国总统乔·拜登签署了强劲的财政刺激计划，迫使美联储在一段时间内提高利率，以减少总需求并降低通胀。然而，随着通胀回到目标水平，这种利率上升也会结束。我将在第六章更详细地讨论这一事件及其影响。从长远来看，公共投资的增加或持续的巨额赤字可能会提高中性利率。正如我将在后面章节中论述的，财政政策的设计确实应该使中性利率 r^* 达到一个水平，在该水平下，中央银行的货币政策不再受到有效利率下限的严格约束。如果实施这样的财政政策，也就意味着未来 r^* 将有一个下限，亦即 r 将有一个下限。

有了充分的基础，接下来的一章将转而关注低利率对财政政策的影响。有两个问题需要回答，这两个问题有时容易混淆：

- 一个国家有多大的"财政空间"？或者更准确地说，在引发债务可持续性问题之前，该国还有多少增加债务的空间？
- 如何利用这一财政空间？有空间并不意味着就应该利用它。财政政策就是关于是否、何时以及如何利用这些空间的政策。

第四章是对上面第一个问题的深入探讨。第一节从确定性下的债务动态演算开始，重点关注 $(r-g)$ 的作用。讨论了 $(r-g)$、债务和基本收支余额各自的作用。它揭示了（$r-g<0$）的重要含义：政府可以维持基本赤字，并保持债务率稳定，形式上不存在债务可持续性问题。无论政府的基本赤字是多少，债务都可以增加且不会引发债务危机。换句话说，政府似乎拥有无限的财政空间。

但是，第二节表明这个结论过于绝对，原因有二。首先，财政政策以增加债务或赤字的形式增加总需求，会提高中性利率 r^*。货币当局如果根据 r^* 调整实际利率 r，就会加大（$r-g$）的值，从而减少财政空间。其次，不确定性至关重要。债务可持续性从根本上说是一个概率问题。为便于操作，可以暂时将其定义为：如果发生债务危机的可能性很小，债务就是可持续的（仍然需要定义"发生债务危机"和"小"，这是可以做到的）。考虑到这一点，第四章第二节讨论了引发不确定性的各种因素及其对债务可持续性的潜在影响，探讨了债务率、债务期限、当前和未来基本收支余额的分布，以及当前和未来（$r-g$）等因素的作用，展示了政府、投资者和评级机构如何使用"随机债务可持续性分析（SDSA）"，表明了从当前水平切实减少债务对债务可持续性几乎没有影响，展示了在（$r-g$）增大和符号反转的情况下应急计划的重要性。

第三节研究了制定财政规则以确保债务可持续性的问题。随机债务可持续性分析只能每年在每个国家就地开展。随机债务可持续性分析所需的假设，如关于（$r-g$）的未来演变，为分歧留下了空间。我们是否能够设计出次优的模式化的规则作为"政策护栏",同时还能为财政政策发挥宏观调控作用留下足够的空间?这是欧盟目前正在讨论的问题。我对模式化规则能否很好地发挥作用持怀疑态度,但是,如果终究要采用这样一种规则,我会对它应该探索的方向提出建议。基于分析,我认为该规则应根据偿债负担而不是债务来调整基本收支余额。

第四节讨论了公共投资(如绿色投资)与债务可持续性之间的关系。出于政治原因,财政紧缩往往导致公共投资减少,而非其他支出的减少。为了提高财政透明度而分离经常账户预算和资本账户预算是有充分理由的。但是,全部通过债务为公共投资融资(这种情况有时会出现)则不太站得住脚。公共投资可为政府带来直接财务收益,它确实可以部分由债务提供资金且不会影响债务的可持续性。有人可能还会辩称,通过促进经济增长,公共投资会增加未来的财政收入。但是,大部分公共投资,即使增加了社会福利,也不会为国家带来财务收益,而且对经济增长的影响也不确定。因此,公共投资会影响债务的可持续性,在确定其融资方式时必须考虑到这一点。第四节展示了如何将这一点纳入债务可持续性分析。

第五节考虑了主权债券市场骤停的风险以及中央银行在这种情况下的潜在作用。主权债券市场(以及许多其他市场)容易受到骤停的影响,即使基本面没有发生重大变化,也会发生投资者要么退出要么要求大幅利差的情况。这更多的是新兴经济体市场面临的问题,但欧洲债务危机表明,它也与发达经济体息息相关。即使基本面表明债务可持续性风险很小,并且低利率是合理的,也有可能出现另一种均衡，即投资者担心债务可持续性存在风险，要求获得高于安全利率的利差，从而增加了债务国的偿债负担，提高了债务不可持续的可能性，最终反而印证了投资者最初的担忧。基于这种均衡的性质，它通常被称为"太阳黑子均衡"。我认为，虽然这个问题很重要，但只有极低的债务水平才能消除多重均衡，而这种债务水平须远低于当前的水平。未来几十年间，切实的债务削减并不能消除这种风险。

随后，我着眼于央行能否降低甚至消除这种风险。我区分了导致利差增大的两种原因：太阳黑子均衡和基本面恶化。我认为，央行作为大型稳定投资者，可以防止多重均衡的出现，消除由太阳黑子均衡导致的利差增大，但如果利差增加部分是由基本面恶化造成的，此结论就不那么显而易见了。简而言之，原因在于央行是政府的一部分，其干预只是改变了政府总负债的构成，但没有改变其规模，也没有改变整体风险。我探讨了为什么欧洲央行的情况有所不同，以及它在新冠疫情危机期间压低意大利利差的能力。

第六节讨论了关于央行与债务可持续性关系的两个问题。一些观察者认为，通过量化宽松和大规模购买政府债券，央行正在将赤字货币化，以为政府纾困。我认为事实并非如此。另一些人则认为，为了减轻债务负担，央行应该直接减记其资产负债表上持有的政府债券。我认为，这是不必要的，并且即使这样做了，也无助于改善政府的预算约束。

在第四章的最后一节，也就是第七节中，我指出负的（$r-g$）

可改善债务动态。然而，因为财政政策的内生性和它对中性利率的影响，以及不确定性，特别是与 r 有关的不确定性，这并不能消除债务可持续性问题。

评估债务可持续性的最佳方法是使用随机债务可持续性分析，这种方法能够考虑到每个国家每年的具体情况。考虑到评估的复杂性，我对依赖定量规则表示怀疑。但是，如果使用这样的规则，应该根据偿债负担而非债务本身来调整基本收支余额，定义为 $((r-g)/(1+g))b(-1)$。然而，例外情况无法避免，例如，当央行受到有效利率下限的约束时，需要允许更大的基本赤字。

第五章研究了债务和赤字的福利成本和收益，并提出了对财政政策的启示。它从一个看似抽象且略显深奥的话题开始，这个话题实际上是财政政策讨论的核心——在确定性和不确定性下，债务对福利的影响。

第一节考察确定性下债务的福利成本。人们普遍认为公共债务是不好的，就像在"抵押未来"。公共债务增加其实可能是件好事，且能增加福利（就其本身而言，忽略其融资抵押物），这种观点似乎有悖直觉。所以，本节在确定性假设下对此问题进行了分析。结论是，债务确实可能是好的，在确定性假设下，条件恰好是 $(r-g)<0$。该结论的得出包含两个著名的步骤：一是1961年费尔普斯提出的资本积累黄金律表明，如果 $(r-g)<0$，那么较少的资本积累会增加福利；二是1965年戴蒙德提出的代际交叠模型表明，如果 $(r-g)<0$，那么通过减少资本积累，发行债务确实增加了当代人和子孙后代的福利。这些显然是重要而

有趣的结论。然而，它们只是一个起点。

主要的问题还是不确定性，这个问题在第二节进行了讨论。在确定性假设下只有一种利率，因此 r 和 g 之间的比较很简单。但现实中有很多种利率，它们反映了不同的风险特征。当前，安全利率确实低于增长率。但是，资本的平均边际产出（就我们所能衡量的而言）远远高于增长率。那么哪种利率重要呢？这方面的研究还在进行中，但最近的一些文献让我们对这个问题有了更好的了解。例如，戴蒙德模型将有限的生命视为高储蓄和超额资本积累的潜在来源，相关的利率通常是两者的结合，尽管安全利率起着主要作用。从数据来看，相关利率和增长率非常接近，因此很难凭经验确定我们实际上处于黄金律的哪一边。例如，在其他模型中，如果因为没有保险，人们的预防性储蓄较高，导致资本过度积累，那么仍是安全利率发挥主要作用；然而，在这种情况下，尽管债务可能会有所帮助，但是由于社保可以解决导致低利率的源头性问题，社保，而不是债务，才是消除资本过度积累的主要方法。总的来说，据我们所知，一个谨慎的结论是，在当前背景下，公共债务可能不好，但也不太可能太差，也就是说不会有很大的福利成本，而且负的（$r–g$）绝对值越大，福利成本越低。

第三节从成本转向收益。债务和赤字的主要潜在好处来自财政政策在宏观稳定中的作用。例如，如果货币政策受到有效利率下限的约束，这就是一个核心问题。我回顾了我们所知道的债务、支出和税收（以及隐含的赤字）在影响总需求方面的作用：债务增加影响财富，从而影响消费需求。政府支出增加直接影响总需求，减税则是通过影响消费和投资来影响总需求。财政政策乘数（即政府支出和税收对产出的影响）一直是备受争议的议题，也是近期许多实证研究的主题。这一节讨论我们所知的内容。基本结论是，财政政策乘数具有预期的符号，财政政策确实可以用来影响总需求。

第四节将债务与赤字的福利成本与收益结合在一起，并得出其对财政政策的影响。人们可以想到两种极端的财政政策方法。第一种可称为纯公共财政，专注于债务和赤字的作用，忽略财政政策对需求和产出的影响。例如，它隐含假设货币政策可以在财政政策变化的情况下将产出维持于潜在水平。如果采取这种方法的财政当局得出债务过高的结论，那么财政政策就应该把重点放在债务削减上。第二种叫作纯功能财政（阿巴·勒纳1943年首次使用的名称），侧重于财政政策在将实际产出维持在潜在产出水平方面的潜在作用，如果货币政策受到有效利率下限的约束，这种情况就可能出现。我认为，正确的财政政策是这两种方法的结合，每一种方法的权重取决于中性利率的水平。中性利率越低，债务的财政和福利成本越低，央行货币政策的操作空间越小。这时，我们应该更多地运用纯功能财政方法，利用赤字来维持需求，即使这会导致债务增加。中性利率越高，债务的财政和福利成本越高，央行货币政策的操作空间越大。这时应该更多地运用纯公共财政，如果确实认为债务过高，应侧重于债务削减。这一节最后还讨论了一些相关问题，如通胀目标制的作用，以及在经济长期停滞的情况下，除了赤字，还有哪些替代方案可以增加需求。

第六章考察了最近的三次事件，无论结果如何，财政政策都发挥了或正在发挥重要作用。本书的目的不是全面回顾这三次事件（这需要另写一本书），而是根据迄今的分析来介绍和讨论财政政策选择。

稍微夸张一点说，这三次事件可以被认为是"太少"、"恰到好处"和"太多"。

太少？第一节聚焦全球金融危机之后的"财政紧缩"时期。在最初危机导致债务大幅增加后，政策重点迅速转向债务削减。欧盟尤其如此，在债务大幅增加后开始了强有力的财政整顿。如今，人们普遍认为，财政整顿的力度过大（至少在欧洲是如此），市场和政策制定者都过于依赖传统的债务观，为此付出了巨大的产出成本。

恰到好处？第二节考察了过去30年的日本经济。日本从20世纪90年代中期开始就经历了有效利率下限约束，早于美国或欧洲，此后其利率一直接近这一下限。日本的宏观经济政策通常被认为是失败的，央行无法实现其通胀目标，增长率低，债务率稳步上升，净债务超过GDP的170%，总债务超过GDP的250%。但我认为，应将其视为一种有限的成功，因为它利用激进的财政和货币政策弥补了非常疲软的私人需求：产出仍接近潜在水平。日本增长率低主要是因为人口结构，而非债务。通胀率低于目标水平也并非重大的失败。然而，展望未来，我们有理由感到担忧——日本的债务率非常高。到目前为止，投资者似乎并不介意 10 年期名义利率接近于零。但债务的积累还能继续下去吗？如果利率上升会怎么样？还有其他选择吗？

太多？第三节探讨了美国救助计划（拜登政府于 2021 年年初实施的刺激计划）的效果。2020 年，美国财政政策的重点是保护家庭和企业。2021 年年初，这一目标在一定程度上从保护家庭和企业转向维持经济复苏。相对于明显的产出缺口而言，该计划的规模非常大。这个策略实际上（有意或无意地）有双重效果。对于财政部来说，旨在大力增加总需求，从而提高中性利率，放松有效利率下限约束；对美联储来说，旨在推迟政策利率向中性利率的调整，允许出现一些经济过热，并在此过程中产生略高的通胀。在包括我在内的一些观察者看来，该计划的规模似乎过大，引发了对经济过热和过度通胀的担忧。过度的通胀反过来可能会迫使美联储提高利率，以降低通胀，从而导致出现一段名义利率和实际利率较高的时期。本书在写作时对事情的进展进行了评估。

第七章总结了本书的基本观点，并讨论了未来有待研究和探索的许多问题。

第二章

基本概念

低利率是本书的核心。鉴于此，本章介绍了与利率相关的五个概念，这些概念将贯穿全书。

第一是中性利率 r^*。中性利率有两种定义。第一种定义：假设实际产出等于潜在产出，中性利率是储蓄和投资相等时的安全实际利率。第二种定义：中性利率是总需求和潜在产出相等时的安全实际利率。尽管这两种定义实际上是等价的，但它们代表了对中性利率决定因素的不同思考方式，这两种定义在后文中都会用到。

第二是安全利率和风险利率（如股票回报率）之间的区别。它显示了感知风险增加或风险厌恶增强将导致风险利率上升、安全利率下降。当我们查看后面章节中的相关内容，思考低安全利率背后的因素时，这一区别将被证明在实证分析中具有重要意义。当前的低安全利率是储蓄或投资变动造成的，还是风险或风险厌恶增加导致的？

第三是中央银行的作用。我们可以这样认为，中央银行货币政策旨在有效调控安全实际利率 r，使其尽可能地接近于中性利率 r^*，从而使实际产出接近于潜在产出。一个重要的结论是，尽管有时中央银行会因当前的低利率而受到指责，但政策利率大多反映了低中性利率，而低中性利率 r^* 又反映了其背后的影响因素，即储蓄、投资、风险和风险厌恶。也就是说，低利率不应归咎于中央银行，低利率是潜在基本面因素的反映。

第四是不等式（r–g）<0 的重要性，其中 r 为安全实际利率，g 为经济的实际增长率。当 $r<g$ 时，如果不偿还债务，债务将以 r 的速率累积，产出则以 g 的速率增长。因此，在不新增发债务的情况下，债务产出比将逐渐下降，进而改善债务动态。鉴于在可预见的一段（较长）时间内，r 很可能小于 g，这将在我们后续讨论财政政策时发挥重要作用。

第五个与利率有关的讨论涉及有效利率下限的性质和影响。由于人们可以持有名义利率为零的现金，中央银行无法将名义政策利率降至远低于零的水平。这意味着，中央银行无法使实际政策利率远低于负通胀率。我们将此利率称为 ELB 利率，并用 r_{min} 表示。当中性利率 r^* 非常低时，有效利率下限的存在制约了中央银行将利率 r 下调至与 r^* 一致的能力，导致 $r>r^*$。也就是说，这可能缩减甚至消除货币政策将实际产出维持在潜在产出水平的空间。这是近年来许多中央银行经常面临的情况，对我们后续讨论财政政策也具有重要的影响。

第二章的结论部分指出，中性利率 r^* 随时间的推移而下降，并跨越两个重要的临界点。首先，随着中性利率 r^* 的下降，r 已经小于 g，这对债务动态和财政政策产生了重要影响。其次，在某些情况下，中性利率 r^* 已低于有效利率下限 $r_{\min}$，限制了货币政策将实际产出保持在潜在产出水平的能力，进一步增强了运用财政政策的必要性。

一、中性利率 r^*

首先，从一个极为简化的视角开始解释利率的决定因素。假设只有一个利率，即实际利率（名义利率减预期通胀），使得储蓄等于投资。储蓄等于投资的方程式为：

$$S(Y,r,.) = I(Y,r,.) \quad (2.1)$$

其中 S 表示储蓄（假定取决于收入 Y、实际利率 r，以及方程式中用点表示的其他因素，这些因素会影响储蓄），I 表示投资（同样取决于产出 Y、实际利率 r，以及用点表示的其他因素，这些因素会影响投资）。

值得注意的是，为了简化，此处不考虑政府的作用：此处储蓄既包括私人储蓄又包括政府储蓄，投资既包括私人投资又包括政府投资。财政政策对储蓄和投资的影响将在后面详细讨论，但并不影响我在此要阐述的观点。此外，我忽略了一个事实，即经济可能是开放的，因此储蓄可能不等于投资，但将世界作为一个整体，储蓄等于投资仍然成立。后续讨论我们应该将 r^* 视为由本国因素还是由全球因素所决定时，我还将回到这个问题。

假设实际产出等于潜在产出，记为 Y^*。然后，储蓄等于投资均衡决定的实际利率的值，我们称其为中性利率，并用 r^* 表示。因此，r^* 满足：

$$S(Y^*, r^*, .) = I(Y^*, r^*, .) \qquad (2.2)$$

方程式如图 2.1 所示，横轴是储蓄和投资，纵轴是利率。假定 $Y=Y^*$，储蓄和投资都对应相应的利率。储蓄随利率上升而增加，投资随利率上升而减少。交点 A 为均衡点，相应的中性利率为 r^*。

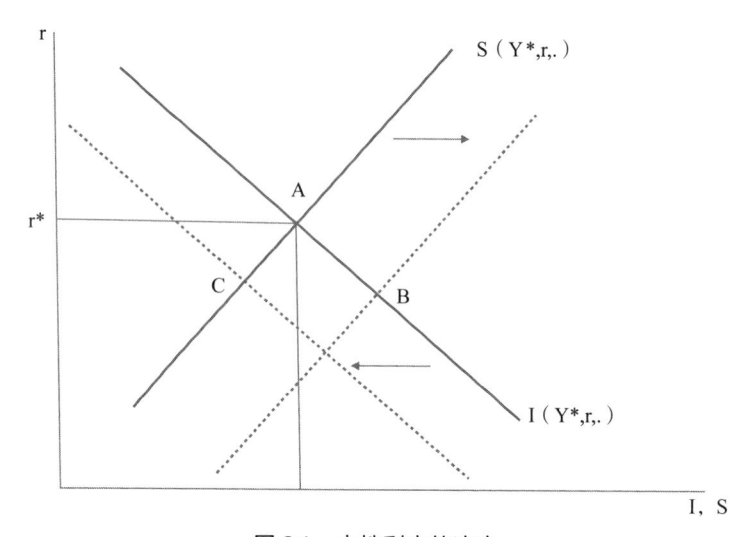

图 2.1　中性利率的决定

由此我们得出中性利率的第一种定义：假设实际产出等于潜

在产出，中性利率 r^* 是储蓄等于投资时的实际利率。

储蓄的正向变化使储蓄曲线右移，均衡点移至点 B，此时储蓄和投资都增加，中性利率降低。投资的负向变化使投资曲线左移，均衡点移至点 C，此时储蓄和投资都降低，中性利率也降低。

还有另一种看待 r^* 的等价方式，这同样会被证明是有用的。定义消费 $C=Y-S$，并将方程（2.1）重新写为：

$$Y=C(Y,r,.)+I(Y,r,.) \quad (2.3)$$

假设产出等于总需求，即消费和投资的总和（需要注意，消费和投资包括政府的消费和政府的投资），然后，我们可以将 r^* 定义为使总需求等于潜在产出的利率，如下所示：

$$Y^*=C(Y^*,r^*,.)+I(Y^*,r^*,.) \quad (2.4)$$

均衡状况如图 2.2 所示，其中横轴是产出，纵轴是总需求，这就是我们熟悉的凯恩斯交叉图。给定的利率 r 下，总需求 $C+I$ 是 Y 的函数。$C+I$ 随 Y 递增（在标准假设下，边际消费倾向与边际投资倾向之和小于1，且 $C+I$ 的斜率小于45度线）；利率上升会降低消费和投资，使总需求下降；利率下降会使总需求上升。对于给定的 r 值，实际产出的均衡值由 $C+I$ 与45度线的交点确定（$Y=Y$）。中性利率 r^* 是实际产出的均衡值等于潜在产出 Y^* 时的利率。如果 r 大于 r^*，则总需求较低，实际产出的均衡值小于潜在产出，即 $Y<Y^*$；如果 r 小于 r^*，则总需求较高，实际产出的均衡值大于潜在产出，即 $Y>Y^*$。

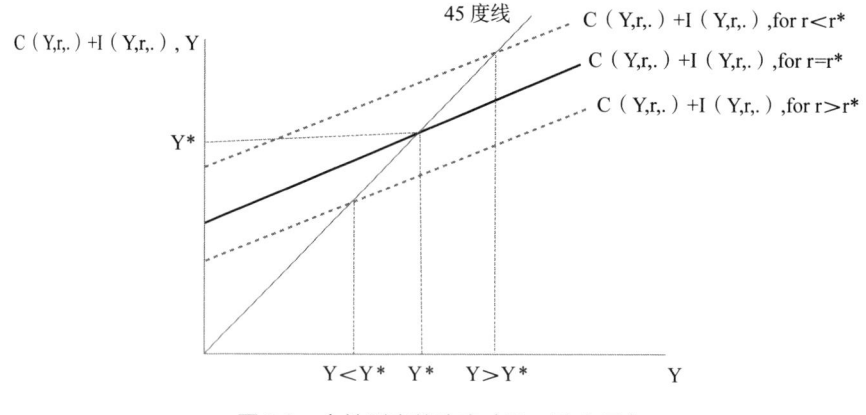

图 2.2 中性利率的决定（另一种表示）

这为我们提供了中性利率的第二种定义：中性利率 r^* 是总需求产生的实际产出等于潜在产出时的实际利率。

既然这两种定义会得出相同的 r^* 值，为什么要提出两种定义呢？因为它们自然而然地引导我们关注不同的中性利率 r^* 的决定因素。

- 第一个定义引导我们关注储蓄和投资的长期决定因素，例如人口统计信息。
- 第二个定义引导我们关注短期决定因素，例如全球金融危机爆发时总需求下降，或者思考财政政策时，关注美国总统乔·拜登于 2021 年年初签署的刺激计划引发的需求增加。

这两组因素显然都很重要，我们将在后续展开探讨，特别是财政政策的作用。[1]

二、安全利率 r 和风险利率 $r+x$

市场上有多种不同的利率和回报率：安全／风险利率、短期／长期利率、公司／政府债券收益率、股票回报率、房产投资回报率、商品回报率，甚至比特币回报率。我们至少要区分安全利率和风险利率，这一点很重要。假设有两种利率，分别是安全利率和风险利率。再假设储蓄取决于安全利率（将其视为政府债券的利率），而投资取决于风险利率（将其视为股权的预期回报率）。用 $r+x$ 表示风险利率，其中 x 表示相对于安全利率的风险溢价。[2]

在这种情况下，方程可表示为：

---

[1] 关于货币政策的大量文献对 r^* 的定义通常与我的定义略有不同——例如，将其定义为我的 r^* 的平滑版本，或定义为在冲击的影响自行消除后将产出保持在潜在水平的利率（Bomfim, 1997; Laubach and Williams, 2003）。这些研究人员随后使用各种计量方法来估算 r^*，其中最著名的是劳巴赫（Laubach）和威廉姆斯（Williams）的方法，其构建的序列比我定义的 r^* 更加平滑。考虑到 r^* 的缓慢变动，研究人员探索了替代的货币政策规则，如泰勒规则等，这些规则实际上是对短期 r^* 偏离平滑 r^* 做出的反应，或者等同于对产出偏离潜在产出，或通胀率偏离目标做出的反应。本书的重点是财政政策而非货币政策，因此，我对 r^* 的定义是一种有效的简化，假设货币政策目标是使 $r=r^*$。

[2] 可以理解为金融中介机构向个人借款，并向他们提供安全利率，然后以风险利率向企业贷款。一个更现实但更复杂的形式化假设是，储蓄者可以在安全资产和风险资产之间做出选择，企业可以获得风险投资，并必须决定是否通过安全资产和风险资产组合来融资。结论是一样的，即风险或风险厌恶增加会导致风险溢价增加和安全利率下降。

$$S(Y,r,.)=I(Y,r+x,.) \tag{2.5}$$

中性安全利率为：

$$S(Y^*,r^*,.)=I(Y^*,r^*+x,.) \tag{2.6}$$

均衡状况如图2.3所示，纵轴是安全利率，横轴是储蓄和投资。在给定潜在产出的情况下，储蓄是安全利率的增函数。在给定潜在产出的情况下，投资是风险利率的减函数，因此对于给定的风险溢价 x，投资也是安全利率的减函数。在交点 A 处，安全利率为 r^*，由此推断风险利率为 r^*+x。

风险增加或风险厌恶增加会导致风险溢价增加，即 $\Delta x>0$，这会使投资曲线下移 Δx，安全利率下降 Δr^*；由于 r^* 下降的幅

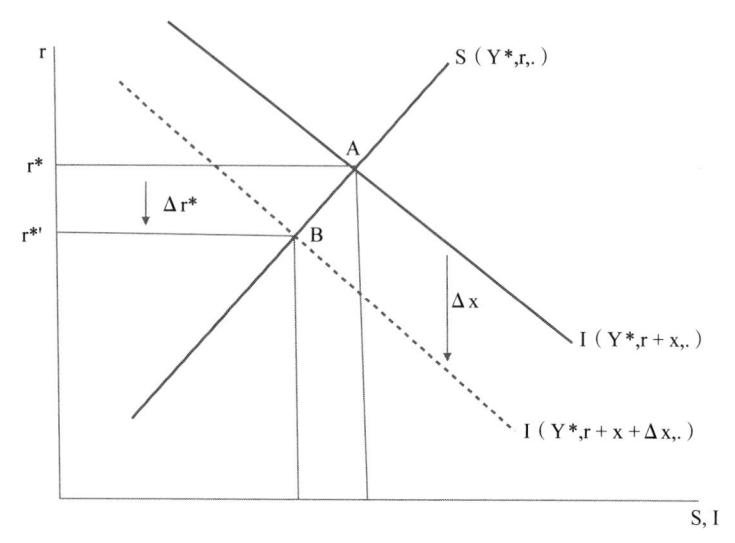

图 2.3 安全利率、风险利率和风险溢价

度小于 Δx，所以风险利率会上升。

因此，除了我们之前看到的储蓄和投资的变化，这为我们提供了安全利率偏低的另一个可能原因，即由风险厌恶程度增加或风险本身增加导致的风险溢价增加。如果我们不考虑风险，而考虑流动性，同样的结论也成立——不是对风险资产的风险溢价，而是对安全资产的流动性折价。如果我们认为支付安全利率的资产（如国库券）的流动性较高，而另一种资产的流动性较低，那么对流动性需求的增加将导致安全（流动性）利率降低，而流动性较低的资产的利率升高。

这为我们提供了解释中性利率变动的四组潜在因素：储蓄变动、投资变动、风险溢价变动和流动性折价变动。我将在第三章讨论它们的相关影响。

三、中央银行的作用：努力实现 $r=r^*$

中央银行的作用是避免经济过热（过热可能导致通胀率上升）和经济过冷（过冷可能导致失业率过高）。[1] 鉴于中性利率是使实际产出保持在潜在产出水平的利率，我们可以认为中央银行试图将 r 设定在 $r=r^*$ 的水平。例如，如果总需求下降，就意

---

[1] 中央银行首要职责并非如此。对于所有中央银行来说，它们的首要任务是保持低且稳定的通胀。许多中央银行（并非所有）还有第二项任务，即实际上将实际产出保持在接近潜在产出的水平。在合理的条件下，这两个目标基本是一致的，因为保持潜在产出稳定也会产生稳定的通胀，这种结果被称为"神作之合"（Blanchard and Gali，2007）。

味着r^*下降,中央银行通常会试图根据r^*降低r,以避免产出下降或减小产出下降幅度。

这有两个重要的含义。

首先,受有效利率下限约束的影响,尽管中央银行无法一直实现$r=r^*$,但中央银行会努力使r尽可能地接近r^*。[①]因此,在大多数时间里,只要有效利率下限不具有约束力,我们就可以将r视为r^*的良好代理指标。

其次,尽管中央银行常常因当前的低利率受到指责(或赞扬),但这种指责(或赞扬)是错误的。低r主要反映了低r^*及其背后的因素:高储蓄、低投资、高风险、高风险厌恶和流动性需求增加。

四、"$r<g$"为何如此重要?

中性利率r^*,以及由此推导出来的实际利率r,可能非常低,这最早是由阿尔文·汉森(Alvin Hansen,1939)提出的。当时他担心越来越少的投资机会将导致投资不足和需求疲软。他还认为私人需求的利率弹性较低(从 IS-LM 模型的角度来看,IS 曲线非常陡峭),这意味着,为了产生足够的需求从而将实际产出

[①] r^*很可能每月都会出现较大幅度的高频波动。显然,货币政策不可能与所有这些波动相匹配,甚至不知道是否应该这样做。但是,当我们观察一年或更长时间内r的变动时,我们有理由假定它们与r^*的基本变动近似。在此,我将忽略这些复杂问题。这对货币政策的设计极为重要,而对财政政策则不太重要。

维持在潜在水平上，可能需要较低甚至是负的中性利率。他称这种结果为"长期停滞"。① 无论如何，当时他的担忧并未成为现实，私人需求依旧强劲。然而，考虑到最新的演变，同样的担忧再次出现。2013年，劳伦斯·萨默斯（Lawrence Summers，2014）认为我们可能确实进入了"长期停滞"的时期，并且 r 将在很长一段时间内保持在较低水平。我不确定汉森和萨默斯使用的术语是否恰当，但它已经成为标准用法（我更喜欢"结构性需求疲软"一词，但可能听起来过于学术了）。

过去30年，中性利率 r^* 有所下降（在第三章中会进一步讨论），并已经跨越了两个重要的临界点。首先，r^* 变得小于经济增长率 g，由此 r 也变得小于 g。其次，r^* 变得如此之低，以至于有时货币政策无法降低 r 以匹配 r^* 的下降，这被称为有效利率下限约束。

本节重点关注：当安全实际利率小于增长率时会发生什么情况。由于没有更好的表述方式，我将其称为"$(r-g)<0$"。② 该不等式在今天仍然成立，并且正如我将在第三章中阐述的，可能在未来一段时间内继续成立。（这里澄清一下 $r<g$ 的说法与2014年皮凯蒂的主要观点 $r>g$ 之间的关系。两者之间并不矛盾，因为我们选用的是不同的利率。我选用的是安全利率，它的确小于增长率；皮凯蒂选用的是风险利率，即财富的平均回报率，它

---

① 2016年巴克豪斯和博亚诺夫斯基（Backhouse and Boianovsky）对这一概念从汉森到萨默斯演变的精彩历史进行了回顾。

② 事实上，"$(r-g)<0$"在经济学家中已经广为知晓。

确实大于增长率。)

（$r-g$）的正负确实对债务动态及债务对福利的影响有着重要意义。

首先考虑债务动态。对于任何借款人来说，低利率都是好消息。但是，我们如果借了钱，仍然必须在去世前还清债务。政府则没有必要这样做。实际上，因为政府永续存在，当旧债务到期时，政府可以发行新债（即"债务滚动"）。所有政府都在这样做。

要了解这意味着什么，首先要从政府没有初始债务、税收等于支出的情况开始，此时预算是平衡的。现在假设政府仅增加一年的支出，但不提高税收，而是通过发行债务来填补赤字。从第二年开始，随着支出恢复正常，税收再次覆盖非利息支出，但无法覆盖利息支出。因此，债务以 r 的速率增加，而产出则以 g 的速率增长。①

如果 $r>g$（长期以来一直被认为是标准情况），债务产出比（通常简称为"债务率"）将以（$r-g$）的速率呈指数级增长，如果政府不想让债务率呈爆炸式增长，迟早要增加税收（或减少支出，或两者兼有）。但是，如果 $r<g$，也就是我们今天所处的情况，并且预计在未来一段时间内都会如此，那么债务率就会随着时间的推移而下降。事实上，如果 $r<g$，那么政府就可以在一段时间内通过发行债务来增加支出，而不必提高税收。因此，债务增加意味着未来需要提高税收的标准观念似乎不再成立。

---

① 关于债务动态的内容将在第四章中进行详细讨论。

其次是福利影响。低安全利率 r 其实是一个信号，表明经济出现了问题：实际上，如果我们将安全利率视为经风险调整后的资本回报率，那么低安全利率发出的信号就是，经风险调整后，资本回报率很低。换句话说，它传递了一个信号：资本的边际生产率实际上并不高。如果是这样，由于债务在某种程度上会挤占资本，从而减少资本积累，那么债务的成本可能并不高。如果一开始资本真的过多，那么债务甚至可能是有益的。

这些都是相当戏剧性的结果。如果 $r<g$ 永远成立，这将表明人们对债务的态度非常宽松。但正如我们将要看到的，它附带两个重要的警告。首先，债务和赤字会增加总需求，从而提高 r^*；如果中央银行设定 $r=r^*$，那么 r 就会提高，可能会改变 $(r-g)$ 的正负性，使债务动态回归到正常情况。其次，我们无法确定 $r<g$ 是否会永远持续（或至少持续很长时间）。如果不会，我们必须考虑需要进行哪些调整。因此，一个核心问题是：我们预期 r 和 g 在未来会发生什么变化？这就需要研究历史，研究可能的基础因素及其未来可能的演变。这将是第三章的主题。对债务动态、福利和一般财政政策的影响将是后续章节研究的主题。

五、名义利率、实际利率以及有效利率下限

到目前为止，我一直假设中央银行能够将 r 设为等于或接近

r^*。因此，针对需求急剧下降导致 r^* 也急剧下降的情况，假设能够降低 r 以匹配 r^* 的降低。然而，当 r^* 非常低时，情况可能并非如此。

从 1960 年以来的 9 次美国经济衰退来看，衰退期间（名义）政策利率的下降幅度在 2% 到 8.8% 之间，平均下降 5%。① 之所以能做到这一点，是因为当时的平均通胀率水平远高于现在，平均名义利率也是如此。②

在当前低通胀和低中性利率的情况下，各国中央银行为了降低 r 以匹配 r^* 的下降已经失去了很大的政策空间。中央银行直接控制名义利率，而非实际利率。粗略地说，名义利率不能为负，这一约束被称为零利率下限（ZLB）。③ 这是因为，如果名义利率为负，持有现金（名义利率为零）就会成为比持有债券更优的选择，人们就会更愿意持有现金。这就有了一个简单但重要的推论。

实际利率 r、名义利率 i 和预期通胀率 π^e 之间的关系如下：

$$r = i - \pi^e \qquad (2.7)$$

---

① 参见 Summers（2016，图 17）。如果美联储没有受到零利率下限的约束，那么在应对全球金融危机时，美联储的利率降幅会更大，这一点我们将在下文讨论。
② 费雪效应表明，从长期来看，名义利率反映了实际中性利率加上平均通胀率。
③ 这种情况也被称为"流动性陷阱"。当名义利率降至零时，货币数量（流动性）的增加不再对名义利率产生影响；由于债券和货币的利率相同（为零），人们持有货币还是债券是无差别的。因此，他们愿意在利率不变的情况下用债券换取货币。保罗·克鲁格曼（1998）是最早强调流动性陷阱的政策含义的研究者之一。他的论文侧重于货币政策而非财政政策的影响。本书的重点将更多地放在财政政策的影响上。

如果名义利率不能为负，那么实际利率的最低值就是负的预期通胀率，即 $-\pi^e$。① 根据不同国家的情况，企业和投资者预测未来 5 年的通胀率为 2%~3%，因此，如果名义利率不能为负，未来 5 年实际利率的下限将为负的 2%~3%。②

然而，中央银行已经了解到，实际上可以微调名义利率使其为负值，而不会导致人们大规模地转为持有现金。这是因为持有大量现金既不方便，也有潜在危险，在某些情况下甚至根本不可行。例如，银行如果出售其持有的债券并以现金取而代之，就必须持有巨额现金，并承担一定的安全风险。③ 因此，正如第一章中的表 1.1 所示，许多中央银行已经能够设置负的名义利率，例如，在撰写本文时，瑞士的政策利率为 –0.75%。为了反映这一点，货币政策的约束不再被称为零利率下限，而是被称为有效利率下限。然而，与过去所需降低 r 的程度相比，负名义利率提供

---

① 实际上，文中的名义利率、实际利率和预期通胀率之间的关系只是一种近似的情况，但如果预期通胀率较低，这种近似就是很好的：如果你持有的单期债券承诺你下一期的收益为 $1+i$ 美元，那么你的预期实际收益由 $(1+i)P/P^e$ 得出，其中 P 是本期的价格水平，P^e（+1）是下一期的预期价格水平。注意 P/P^e（+1）=1/$(1+\pi^e)$，其中 π^e 是预期通胀率，这意味着以下关系：$(1+r) = (1+i) / (1+\pi^e)$，或等价的，$r = (i-\pi^e) / (1+\pi^e)$。文中的表达忽略了 $(1+\pi^e)$，除非通胀率非常高，否则该值非常接近于 1。
② 在写作本书时，有人担心美国的财政刺激政策可能会导致经济过热和通胀率在一段时间内上升，进而导致预期通胀率上升，降低实际利率的下限。第六章将讨论 2021 年财政刺激计划的影响。
③ 10 亿美元的 1 美元纸币需要约 1129 立方米的空间，相当于一个边长约为 10.4 米的正方形盒子。当然，银行不会用 1 美元纸币来存放现金。

的额外政策空间很小。①

然而,有效利率下限对财政政策有两个显著的影响。

- 如果像在撰写本书时那样,许多发达经济体的有效利率下限是严格约束,并且产出缺口仍然为负,那么货币政策就没有促进需求和产出增加的空间。换句话说,如果 r^* 小于 $r_{\min}$,中央银行就无法将 r 降至 r^*,那么增加需求以将实际产出恢复到潜在产出水平的责任就必须完全落在财政政策上。
- 如果在某个时点(很可能在本书出版时已经发生),总需求增强,导致 r^* 上升并超过有效利率下限,那么有效利率下限可能不再是严格约束,大多数名义利率将再次变为正值。但名义利率仍然不可能高到足以让中央银行对需求的巨大不利冲击做出反应。在这种情况下,财政政策将不得不成为应对需求下降的主要政策工具。

在得出结论之前,我想指出长期停滞和有效利率下限约束之间的一个重要概念差异。长期停滞,即非常低的 r^*,导致 $(r-g)<0$,反映的是经济的基本面,可能不容易解决。而有效利率下限约束则更像一种自我制造的伤害,或者用足球术语来说,是乌龙球。过去30年的低通胀在很大程度上反映了中央银行选

---

① 中央银行工具箱中的另一个工具是量化宽松,即购买长期债券以降低其收益率。我将在书中的不同章节再次讨论量化宽松问题。与负利率一样,量化宽松也起到了一些作用,但还不足以让中央银行有足够的政策空间来应对 r^* 的大幅下降。

择的通胀目标,通常在 2% 左右。① 如果中央银行选择了更高的目标,通胀可能会更高,预期通胀率也会更高,这样,名义利率会更高,如果需要的话,降低名义利率的空间也会更大。关于恰当的通胀目标的讨论由来已久,还远未尘埃落定;但现有讨论往往忽略了一个事实,即如果目标选择得太低,且有效利率下限往往具有严格的或潜在的约束力,那么必须更多地通过财政政策来实现宏观稳定,而财政政策可能有其自身的成本。②

六、结论

现在我们已经掌握了思考财政政策所需的工具。你已经可以看到 $(r-g)<0$ 和有效利率下限约束的基本含义:

- 如果 $(r-g)$ 在未来很长一段时间内都是负值,那么无论是从财政角度还是从福利角度来看,债务的成本都不会很高。
- 如果有效利率下限继续具有严格的或潜在的约束力,则可

---

① 2012 年,美联储明确将通胀目标定为 2%。选择这一目标被认为是为了平衡通胀的成本和收益,其中包括降低触及零利率下限的可能性。可以说,当时用于权衡成本和收益的大多数模型都低估了触及零利率下限的可能性。

② 肯尼斯·罗格夫(Kenneth Rogoff, 2017)特别提出一种克服有效利率下限约束的方法,即禁止持有现金。如果我们只有银行存款,存款利率就可以是负的,而且不存在现金这样的约束存利率下限的资产。这在现阶段并不可行,但未来也许会变得可行。

能需要财政政策（即更高的赤字）来维持潜在产出。
- 这表明经济环境中债务成本较低，而赤字（债务）的（产出）效益较高。

但中性利率在未来会发生怎样的变化呢？这将是第三章的主题。

第三章

过去和未来的利率演变

本章分为四节，第一节研究了安全实际利率随时间的演变。数据表明，即使忽略20世纪80年代中期的高实际利率（主要是央行采取反通胀政策的结果），在过去30年里，美国、欧元区和日本等发达经济体的安全实际利率也都在稳步下降。其下降既不是2008年全球金融危机造成的，也不是新冠疫情危机造成的，而是更持久的深层基础因素造成的。

安全实际利率的下降导致经济增长率和安全利率之间的差值扩大，并使（r–g）这一负值的绝对值越来越大。虽然潜在增长率略有下降，但利率下降的幅度要大得多。虽然过去也有（r–g）为负值的时期，但这一次看起来有所不同，这一次既不是因为战争，也不是因为低名义利率导致的高通胀，更不是因为金融抑制。

安全利率下降的背后有不同的潜在因素。不同因素对储蓄/投资和无风险/风险利率有着不同的影响。影响储蓄和投资的因素对所有利率的影响大致相同。风险和流动性因素则会导致较低的安全利率和较高的风险利率。证据表明，这两组因素都在起作用。每组都包含很多种因素，但各种因素具体发挥的作用很难确定。我深入研究了其中的两个潜在因素，发现对前者的讨论具有误导性，对后者的讨论则令人困惑。

第二节研究经济增长率和利率之间的关系。人们普遍认为这两者是密切相关的。事实上，一些研究基于"欧拉方程"，通过效用最大化推导个人消费增长与利率的关系，得出两者具有高度相关性的结论。然而，我认为，并不能从这种相关性中得出总消费增长（或产出增长）与利率之间的关系。事实上，也许令人惊讶的是，总消费增长（或产出增长）与利率之间的相关性很小且经常不存在相关性。较低的潜在增长率并不是低利率的主要原因。

第三节探讨了人口演变的作用。在发达经济体中，主要有三个方面的人口演变在起作用，分别是生育率下降、预期寿命延长和"婴儿潮"效应消退。一些研究人员认为，这些变化在一定程度上是导致低利率的原因，但是未来这些变化可能还会逆转，导致利率上升。我认为，在未来预期寿命延长可能会成为主导因素，这可能会进一步降低利率，而不是提高利率。

第四节的总体证据表明，安全利率的长期下降源于深层次基础因素，这些因素在短期内似乎不太可能逆转。然而，这个结论必须加两个限定条件。一是我们对利率下降背后的原因没有足够精准的认知，不能完全确定这些因素不会在短期内逆转。因此，在设计财政政策时，必须假设这些因素在短期内逆转的可能性很小，但仍然存在这种可能性。二是未来的利率走势不是外生的，在很大程度上取决于财政政策本身。例如，2021年美国总统乔·拜登签署了强劲的财政刺激计划，迫使美联储在一段时间内提高利率，以减少总需求并降低通胀。然而，随着通胀回到目标水平，这种利率上升也会结束。我将在第六章更详细地讨论这一事件及其影响。从长远来看，公共投资的增加或持续的巨额赤字可能会提高中性利率。正如我将在后面章节中论述的，财政政策的设计确实应该使中性利率 r^* 达到一个水平，在该水平下，中央银行的货币政策不再受到有效利率下限的严格约束。如果实施这样的财政政策，也就意味着未来 r^* 将有一个下限，亦即 r 将有一个下限。

一、安全利率的演变

图3.1显示了美国、欧元区和日本1992—2020年间10年期国债实际利率的演变情况（用10年期名义利率与10年期通胀预期之差构建）。

为什么要看这些债券？因为它们在很大程度上被认为不会违约，是衡量安全利率的良好指标。为什么是10年期利率？因为它们接近公共债务的平均期限，是公共债务平均利率的良好指标；二十国集团（G20）发达国家的平均债务期限为7年，其中法国为7.8年，英国为14.8年，美国为5.8年。[①]

为什么从1992年开始，而不是更早？在20世纪80年代初，

---

① 国际货币基金组织《财政监测报告》，2021年4月，表A23。

图 3.1　1992—2020 年美国、欧元区、日本 10 年期国债实际利率

资料来源：美国 10 年期国债名义利率减去 10 年期通胀预期数据来自专业预测者调查（SPF）；欧元利率来自 Schnabel（2021）；日本 10 年期国债名义利率减去 10 年期通胀预期数据来自 Adachi and Hiraki（2021）中图 8。

实际利率甚至更高，多数发达经济体的利率在 1985 年左右达到峰值。因此，如果从 1985 年开始统计，这个数字会更加惊人。然而，这将是一种误导。要了解原因，我们必须回顾 20 世纪 70 年代发生的事情。在那 10 年中，石油等商品价格上涨导致通胀加剧。央行提高了名义利率，但升幅低于通胀，导致实际利率非常低，通胀持续高企。直到 20 世纪 80 年代初，美联储主席保罗·沃尔克和其他国家的中央银行家才决定降低通胀，并开始实施紧缩的货币政策，结果导致实际利率一度较高。因此，20 世纪 80 年代中期的高利率反映的并不是高中性利率，而是远高于中性利率的实际利率。到 20 世纪 90 年代初，通胀率已经降低并趋于稳定，实际利率接近中性利率。这就是我们选择这个时期的原因。

请注意，在某些时期，如日本20世纪90年代末，欧元区和美国21世纪前10年末（21世纪第二个10年末利率较高），有效利率下限具有约束力，因此在没有有效利率下限约束的情况下，实际利率甚至会更低。① 根据本书第二章讨论的内容，中性利率 r^* 低于 r。如果我们构建 r^* 的时间序列函数，下降趋势会更加明显。

从图3.1中可得出两个主要结论：

- 尽管日本的衰退开始得更早（在一段时间内，这被视为日本特有的情况，直到美国和欧元区也变得如此），但这是这三个经济体的共性。这表明，要么是同样的力量在所有国家发挥作用，要么是金融市场在很大程度上是一体化的，更有可能是两者兼有。
- 利率是稳步下降的，不是由2008年全球金融危机或新冠疫情危机造成的。利率下降在很久以前就开始了，虽然两次危机导致中性利率下降，但由于有效利率下限的存在，其影响只部分反映在实际利率上，在图中几乎看不出来。

在历史上，这样的稳步下降和持续的低实际利率有多不寻常？回顾更早期的历史，由于缺乏通胀预期的衡量指标，计算事前实际利率（即名义利率减去预期的通胀率）更难或基本不可能；没有实时预期数据，计量经济分析也不可靠。然而，我们

---

① 有效利率下限约束适用于政策利率，这是一个短期利率。但这也间接对较长期利率（如10年期利率）设定了下限。

可以很容易计算出事后实际利率（即名义利率减去已实现的通胀率）。20世纪美国的事后实际利率数据表明，确实有实际利率较低或为负的时期。例如，第二次世界大战期间及其后的时期就是这种情况。1942年，美联储同意将国债利率固定在一个非常低的水平（0.375%），从而使财政部能以较低的成本为战争开支提供资金，这是"财政主导"货币政策的一个例子。战后，美国经济蓬勃发展，通胀稳步上升，1951年2月达到20%，导致实际利率极低；当时，美联储和财政部达成一致，停止实施固定利率，实际利率从1952年开始回升。正如我之前提到的，20世纪70年代也是如此，当时央行在通胀上升的情况下将利率维持在过低水平；现在，人们普遍认为这是一个政策错误，必须通过20世纪80年代初的反通胀政策来弥补。目前的情况与这些时期大不相同。证据表明，在前两个案例中，由于不同原因，实际利率r大幅低于中性利率r^*。今天的情况并非如此：有效利率下限在许多国家仍然具有约束力，意味着r要高于r^*。低利率不是财政主导或政策失误的结果，而是低中性利率的结果。

从更长远的角度来看，这是有用的，为此，我将基于施梅林（Schmelzing，2020）的研究展开论述（他构建了跨越7个世纪的安全实际利率的时间序列数据，从14世纪威尼斯的借款开始，一直到今天美国财政部的借款）。[①]

[①] Mauro and Zhou（2021）文献中提供了另一个长期视角，他们将55个国家200年来的数据汇总在一起后发现，事后实际利率确实经常低于增长率，就如文中给出的美国的两个例子，大多数事件表明，财政主导或货币政策错误是罪魁祸首。

图 3.2 再次惊人地显示了安全利率从 14 世纪的 10%~15% 下降到今天的接近 0%。① 它表明，每年下降约 1.2 个基点，② 因此，有深层、低频的力量在起作用（自 1992 年以来，下降趋势要强得多，美国约为每年 15 个基点，日本为 20 个基点，欧元区为 18 个基点）。

图 3.2　自 1325 年以来的安全实际利率变化情况

数据来源：Schmelzing（2020）。

从第一节的证据中，我得出两个结论：

- 更长的历史证据表明，深层、低频的基础力量在起作用。

---

① 因为它采用的是移动平均值，且基础序列止于 2018 年，所以该序列止于 2008 年。
② 一个基点是一个百分点的一百分之一，即 0.01%。

- 近30年的情况与过去不同——即使忽略20世纪80年代中期异常高的利率。

（一）（r–g）的急剧下降

正如第二章所述，对于财政政策和债务动态来说，重要的不是 r，而是（r–g）。图3.3 显示了美国10年期国债的实际利率（与图3.1 中的序列相同）和10年期实际产出增长率预测值的演变，数据来自 SPF。①

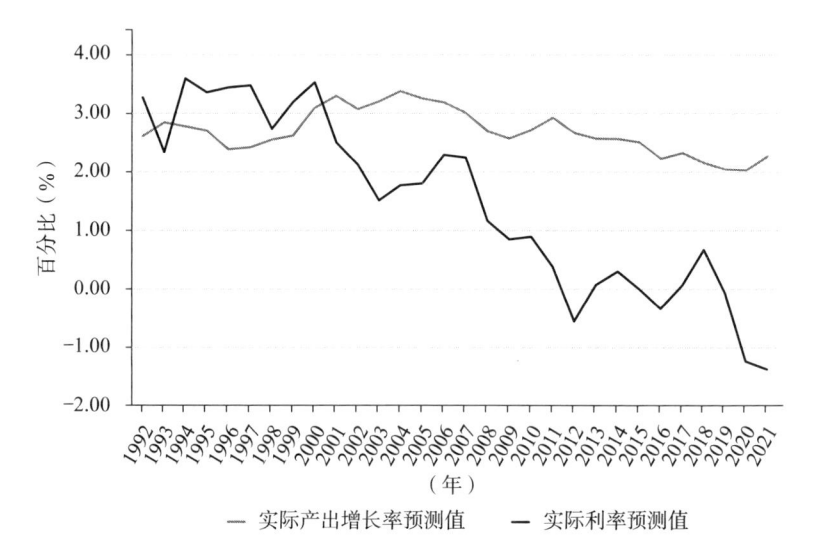

图 3.3　1992 年以来美国 10 年期国债实际利率和 10 年期实际产出增长率预测值

数据来源：SPF10 年期名义利率减去 SPF 对 10 年期通胀率的预测值和 SPF 对 10 年期实际增长率的预测值。

---

① 10 年期增长预测序列始于 1992 年。我无法找到其他国家相应的 10 年期增长率的预测值，但粗略地看这些数据，会发现结论与美国的类似。

数字同样很惊人。美国实际产出增长率预测值在 20 世纪 90 年代有所上升，从 1992 年的 2.6% 上升到 2001 年的 3.3%，但此后有所下降，2021 年为 2.3%，略低于 1992 年。正如我们之前所看到的，安全实际利率已大幅下降，自 2000 年以来，($r-g$) 变为负值——而且绝对值越来越大。在 2021 年年初（有预测值的最近时间），10 年期（$r-g$）等于 -3.2%。[1] 因此，市场预计未来 10 年 r 将远低于 g；事实上，市场预计这种情况会持续更长时间。2021 年年初，30 年期通胀保值债券（TIPS）的利率为 -0.4%。对未来 30 年实际增长率的合理预测值可能是 2%，这意味着未来 30 年的（$r-g$）值为 -2.4%。

这种不断增大的差值是不寻常的。我们能从观察这些演变背后的潜在因素中看到更多吗？

（二）安全利率下降背后的潜在因素

利率的下降引发了大量实证研究，其中大部分研究着眼于过去 30~50 年。有些研究着眼于更长的时期。一些研究者关注美国，而另一些研究者着眼于全球；一些研究者使用从相关性到向

---

[1] 一个问题是，这两个序列并未使用相同的通胀衡量标准。实际增长等于名义 GDP 增长减去用 GDP 平减指数衡量的通胀。实际利率为名义利率减去 SPF 预测的消费者价格指数 CPI（而非 GDP 平减指数）。计算 r 和 g 之差的另一种方法是比较名义利率和名义 GDP 增长预测值，这种方法不会受到这个问题的困扰。2021 年年初，10 年期名义利率为 1.3%，而穆迪分析（私人通信）对 10 年期名义增长的预测值为 4.5%，两者的差值也为 3.2%。

量自回归的计量经济学方法，另一些研究者则使用校准模型。①

在可能改变储蓄或投资的因素中，研究者研究了经济增长对储蓄和投资的影响。他们检验了人口结构变化（"婴儿潮"、预期寿命延长和生育率下降）对储蓄的影响，新兴市场国家国际储备累积对储蓄的影响，国内不平等加剧对储蓄的影响，资本品价格下降和技术进步下降（阿尔文·汉森最初担心的）对投资的影响，更重要的是，检验了财政政策的作用。在这一点上，雷切尔和萨默斯（Rachel and Summers，2019）特别强调，在其他条件相同的情况下，财政政策的实施，尤其是这一时期债务率的大幅提高（如表 1.1 所示），可能导致 r^* 的上升。换句话说，如果没有财政政策，r^* 的降幅将更大。不管是从历史的角度还是从未来的角度来看，这一点都很重要：对 r^* 的预测必须基于对未来财政政策的判断。

在可能改变风险溢价或流动性折价的因素中，研究者研究了投资者风险厌恶的作用（通常被称为"市场风险厌恶"，以反映它可能不仅仅取决于个人风险偏好），检验了更复杂的生产过程导致风险增加的作用、投资中风险更高的无形资产占比提高导致风险增加的作用、新兴市场对安全资产需求增加的作用、全球金融危机后流动性监管导致对安全和流动性资产需求增加的作用，

---

① 这些模型参见：Bernanke (2005); Rachel and Summers (2019); Summers (2016); Von Weizsacker and Kramer (2021); Haske (2020); Platzer and Peruffo (2021); Eggertson, Mehrotra, and Robbins (2019); Mian, Straub, and Sufi (2021b); Caballero, Farhi, and Gourinchas (2017); Del Negro et al. (2019); Lunsford and West (2019); Kiley (2020); Pethe (2021); 等等。

鉴于全球金融危机，重新评估了哪些资产是真正安全的，研究了人口老龄化的作用，因为更年长者，尤其是退休人员，倾向于更安全的投资组合。

这些因素的具体作用，以及它们在未来的演变是否会与过去不同，值得充分讨论，但这超出了本书的范围。我对这一系列研究的解读是，虽然这些确实是合理的潜在因素，但它们的作用很难量化。实证研究面临许多挑战。

第一个明显的困难是，我们试图解释的变量 r^* 是无法直接观察到的，而有效利率下限切断了 r 和 r^* 之间的联系，使情况变得复杂。

接下来的问题是，我们应该着眼于哪个时期。例如，雷切尔和萨默斯研究了 1970 年至 2017 年这段时间，但安全利率的下降实际上只发生在 20 世纪 80 年代中期以后；如前所述，20 世纪 70 年代和 80 年代初 r 的变动在很大程度上反映了 r 与 r^* 的偏离，其中 r^* 在 70 年代为负，在 80 年代为正。

另一个问题是国内因素与全球因素的作用。例如，将储蓄作为某国 r^* 的决定因素时，我们应该考虑其国内储蓄变动还是全球储蓄变动？答案是两者兼有，这取决于一国的大小、国际金融一体化的程度，以及这种变动是永久性的还是临时性的。例如，在其他条件相同的情况下，中国在这一时期的高储蓄率和由此产生的持续性的巨额经常账户盈余很可能增加了全球储蓄，并导致世界其他地区的 r^* 下降。[1] 相比之下，需求的暂时

---

[1] 参见 Bernanke（2005）。

扩张，比如拜登刺激计划引发的需求扩张，即使导致美国 r^* 上升（我将在第六章再讨论这个问题），也可能不会导致其他国家的 r^* 上升。其他国家可能决定让本国的 r^* 偏离美国 r^*，而使其汇率随之变动。①

简而言之，确定国内和全球因素对储蓄、投资、风险和风险感知的作用并不容易。相关文献虽然不少，但解释变量太多，观察值太少。事实上，当样本扩大时，如施梅林在 2018 年研究中所做的那样，利率和潜在解释变量之间没有表现出较强的相关性。因此，虽然研究指出了正确的潜在因素，但其实际作用很难确定，对其具体定量贡献的估计必须持怀疑态度。②

然而，我认为可以得出一些结论，特别是关于储蓄/投资变动与安全/流动性因素的相对作用。第二章的讨论和数据图表给出了一种看待数据的方法。储蓄的正向变动应该会导致储蓄和投资增加，以及利率下降，无论是安全利率还是风险利率。③投资的负向变动应该会导致储蓄和投资减少，以及利率下

---

① 奥布斯特费尔德（Obstfeld，2020）对全球因素、汇率和经常账户余额在决定国家 r^* 中的作用进行了很好的讨论。
② 参考 Rachel and Summers（2019）文中表 7，得出以下结论。自 1970 年以来，影响私人储蓄和投资的因素的非政策性变动本身将导致"工业化世界" r^* 下降 6.9%。其中，主要因素是全要素生产率增长（−1.8%）、人口增长（−0.6%）、退休年龄提高（−1.1%）和不平等（−0.7%）。然而，这些效应部分被政策抵消了，主要因素是更高的公共债务（1.2%）和社会保障（1.2%），这两种因素本身将导致 r^* 增长 3.7%。最终结果是 r^* 下降 6.9%−3.7%，即 3.2%。
③ 在一个开放的经济体中，可能会出现投资增长小于储蓄增长，从而导致经常账户盈余。但在世界范围内，储蓄必须等于投资。

降，无论是安全利率还是风险利率。风险或风险厌恶增加，或流动性需求增加，应该会导致安全利率下降，风险利率或缺乏流动性资产的利率上升。这提示我们观察储蓄率、投资率和风险溢价的变化。

图 3.4 显示了自 1992 年以来全球、高收入国家和中高收入国家（大致相当于新兴市场）总储蓄率的演变。

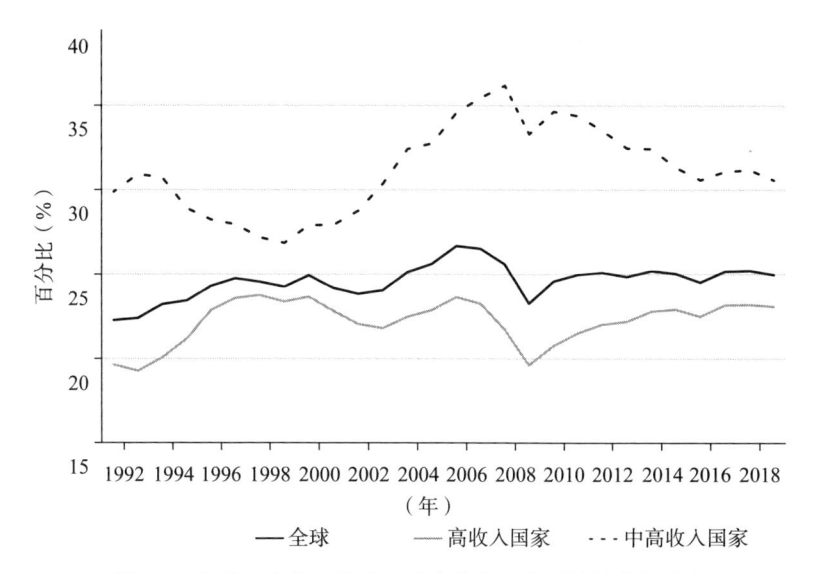

图 3.4　全球、高收入国家和中高收入国家总储蓄率的演变

数据来源：世界银行关于总储蓄的公开数据。

该图显示了三个重要演变。首先，从 2000 年到 2008 年，中高收入国家的储蓄率有所上升（主要反映了中国的高储蓄率），这引发人们关注中国的储备积累，并探讨"全球储蓄过剩"，但此后又有所下降。其次，高收入国家的储蓄率保持稳定，只是在全球金融危机期间有所下降。再次，由于低收入和中低收入国家在全球储蓄中占比很小，高收入和中高收入国家储蓄率演变的结果是全球总体储蓄率基本稳定。这表明，在某种程度上存在正向储蓄变动，并伴随着负向的投资变动，两者共同导致储蓄率大致不变，但 r^* 下降。

谈到风险和流动性因素，上面的讨论提示我们关注安全利率和风险利率。图 3.5 显示了美国安全实际利率的情况（同图 3.1 所示），以及 1992 年以来标准普尔（S&P）500 指数的预期回报率。[①] 用拓展的戈登公式来计算股票的预期回报率，大致

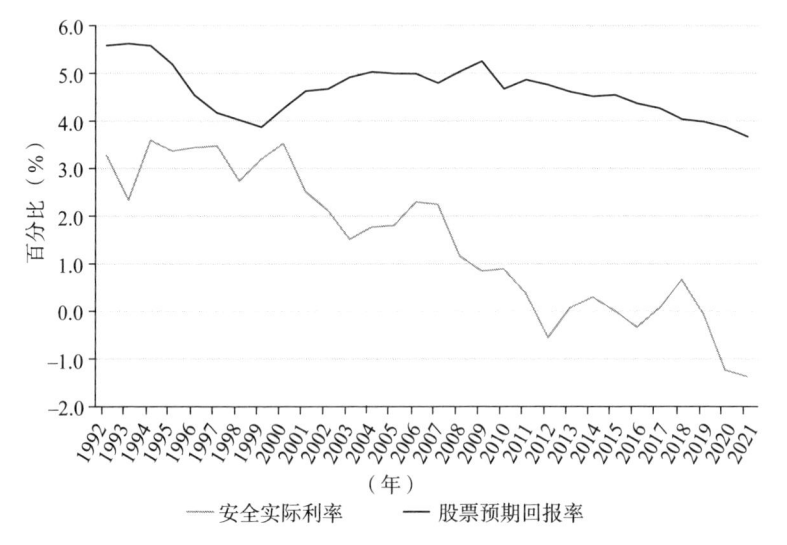

图 3.5　安全实际利率和股票预期回报率

数据来源：安全实际利率等于 10 年期名义利率和 SPF 的 10 年期通胀预测值之差。预期回报率等于 Case 和 Shiller 的股息率加上 SPF 的 10 年平均产出增长预测值之和。

---

① 请注意，这里从图 3.4 中关注全球储蓄和投资转向只关注美国的情况。如果能做到，当然比较全球安全利率与全球股票预期回报率将更有意义。这比我在这里所能做的要更有意义。

可以表示为股息率与未来股息增长率的加权平均值之和。① 鉴于没有可用的时间序列来实时预测未来的股息，我通过未来 10 年的产出增长率预测值来近似预测未来的股息增长率，而产出增长率预测值采用美国 10 年产出增长率预测值的非加权平均值。②

图 3.5 再次传达了一个明确的信息。它表明，股票预期回报率有所下降，但其降幅远低于债券实际收益率（同期约为 2%，而安全实际利率为 4%）。两者之间的差额（即股权溢价）大幅增加。③ 这表明，安全实际利率的下降部分反映了金融投资者对安全性的更高需求或/和对流动性的更高需求。④ 除了储蓄和投资变动，还有更多因素在起作用。

在得出结论和对财政政策的启示前，我想讨论两个问题——利率与增长率之间的关系以及人口演变在决定 r^* 中的作用。原因是我发现对前者的一些讨论具有误导性，而对后者的讨论令人困惑。

---

① 更具体地说，预期回报率 $R(t)$ 通过 $R(t) \approx ((R-g)/(1+R)) \sum_{i=1}^{i=+\infty} ((1+g)/(1+r))^i Eg(t+1)$ 算出，其中 R 和 g 为平均回报率和平均增长率，$Eg(t+i)$ 为第 $t+i$ 年的增长预测值。推导请参见 Blanchard（1993）。

② 对美国经济增长的关注并不完全正确，因为标准普尔 500 指数中的公司有 30% 的收入来自海外。我还没有尝试改进这一方法。

③ 换句话说，鉴于股票估值高企，以及人们对是否出现泡沫的怀疑，如果股票溢价保持不变，股价将大大高于今天的水平。如果使用市盈率作为预期回报率的代理指标，结论也非常相似。

④ Farhi and Gourio（2019）文章中也提出了类似的观点。

二、利率和增长率

人们普遍认为，利率的下降在很大程度上反映了产出增长率的下降。事实上，对低利率原因的研究有很大一部分是从利率与经济增长之间的理论关系开始的，即所谓的欧拉方程。它的逻辑很简单。①

忽略不确定性，标准的效用最大化原则建议个体按照以下关系制订消费计划：

$$g_c = \sigma(r - \theta)$$

其中，g_c 为个人消费增长率，σ 为不同时间消费之间的替代弹性，θ 为个人的主观贴现率。这个关系式，也就是众所周知的欧拉方程，非常直观。假设利率等于主观贴现率，那么 $r-\theta=0$。在这种情况下，$g_c=0$，人们希望在他们的一生中保持平滑的消费。如果 $r>\theta$，则人们会推迟消费，并计划扩大消费路径，因此 $g_c>0$。利率对消费路径的扭曲程度取决于替代弹性 σ。如果替代弹性很小，人们不愿意在不同时期内权衡消费，$(r-\theta)$ 对路径斜率的影响就很小。如果替代弹性较大，则影响更大。

假设这至少对个人来说大致成立，那么这对总消费意味着什

---

① 本节旨在讨论一个特定的研究方向（并处理我的一个老问题），可以跳过而不影响阅读。它的结论是，尽管增长率会影响储蓄和投资，但增长率和利率之间没有紧密关系，无论是在理论上还是在实证上。

么？如果所有人都相同且永生，那么对个人成立的结论对整体也成立，因此这对整体经济也成立。当经济处于近似稳态时，消费的增长率等于产出的增长率，而产出的增长率等于潜在产出的增长率。利率必须能够诱导消费者选择与潜在产出增长率相一致的消费路径。因此，我们可以将上述关系倒置，得到产出增长与利率之间的因果关系：

$$r=\theta+g/\sigma$$

其中 g 是潜在产出的增长率。

这表明利率和产出增长率之间存在紧密关系。例如，生产率增长放缓会降低潜在产出的增长率，从而导致利率下降，其影响取决于 σ 的大小。[①] 这导致许多研究者用这个方程（或它的一般化形式以考虑效用最大化和不确定性）来开展数据分析。

这种方法哪里出错了？有人可能会认为，标准的效用最大化原则并不能准确地描述个人的决定，有大量证据表明事实确实如此。但主要问题不在于此。实际经济是由生命有限的个体组成的。即使我们每个人都根据欧拉方程来计划消费，并决定（举个例子）采取一个向上倾斜的消费路径（如果 $r>\theta$），这对利率和总产出增长率之间的关系也没有任何影响。图3.6非常简明地展示了这一点。

[①] 一个特别古怪的脚注：如果 σ 足够大，可能导致 $r<g$。然而，在这种情况下，家庭可以获得无限的效用，这种情况在这类模型中通常被先验地剔除。戴维·罗默（David Romer, 2012）进一步讨论了这个问题。

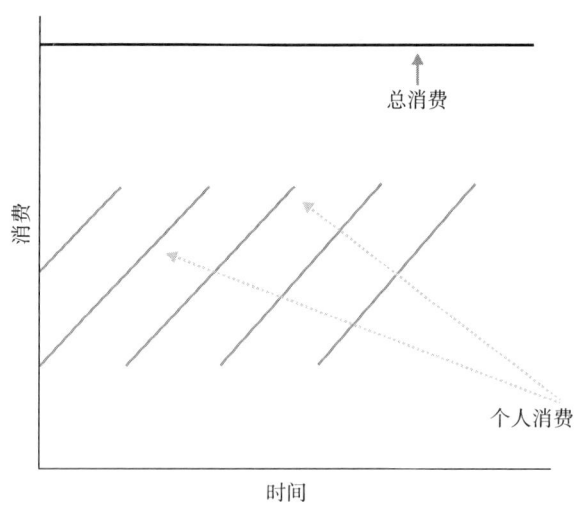

图 3.6　个人消费和总消费

假设人可以活两个时期（每个时期 30 年）。每个时期出生的人数都一样。①没有人口增长，也没有技术进步，那么所有个体在出生时都面临同样的预算约束，选择同样的消费路径。如果 $r>\theta$，他们都选择一条向上倾斜的消费路径，那么每个人的消费路径都是向上倾斜的。但总消费，也就是每一时期年轻人消费和老年人消费的总和，显然是平坦的，无论每条路径的斜率是多少，也无论利率是多少。

换句话说，如果人们的生命是有限的（实际确实如此），无

---

① 该模型的人口结构非常简单，被称为代际交叠模型（OLG）。尽管非常程式化，但它有助于澄清论点，并将在本书中证明是非常有用的。

论他们活多久，都没有理由期望欧拉关系对总消费成立。①

这不排除在更合适的模型中，经济增长对利率的影响。更高的收入增长可能会导致消费者预期未来有更高的收入，从而增加当前的支出，进而导致储蓄减少。更高的产出增长可能导致企业预期未来需求增加，进而导致更高的投资。低储蓄率和高投资率可以共同提高中性利率。从对称的角度看，与当前情况更相关的是，较低的增长可能导致较高的储蓄率和较低的投资率，进而导致较低的 r^*。

然而，从经验上看，这种关系似乎相当微弱。首先，在当前背景下，全球经济增长在过去30年里几乎没有变化（如果金融市场基本一体化，那么全球经济增长是更相关的变量）。根据世界银行的数据，20世纪90年代全球平均实际增长率为2.7%，21世纪头10年为2.8%，21世纪第二个10年为2.9%。②因此，似乎很难将低利率归咎于低增长。更普遍的，也许令人惊讶的是，数据并没有显示产出增长率和利率之间有很强的相关性，更不用说因果关系了。例如，选用施梅林汇编的长期利率数据样本，利用7年移动平均值，发现产出增长率和利率之间的相

---

① 众所周知，巴罗（Barro，1974）认为，虽然人的生命是有限的，但是他们可能关心自己的孩子，他们的孩子也可能关心自己的孩子，以此类推，通过这些联系，人们实际上可能拥有无限的视角。这样的条件很严苛，不太可能满足。我发现代际交叠模型是一个比无限视角消费者模型更好的模型。
② 请注意，当我们观察某一特定国家的债务动态时，相关的增长率 g 就是该国的增长率。当考虑 r^* 的决定因素时，假设金融市场一体化，那么更相关的增长率就是世界增长率。

关性实际上显著为负（Schmelzing 2018，图 16），且在主要历史时期中是不稳定的。同样，博里奥等人（Borio，Disyatat，and Rungcharoenkitkul，2019，表 1）研究了自 20 世纪初以来利率和产出增长率之间的相关性，发现随着时间的推移，二者呈弱负相关且不稳定。

就潜在的长期演变而言，我怀疑产出水平才是更相关的变量，而非其增长率。正如冯·魏茨泽克和克莱默（Von Weizsacker and Kramer，2021）所认为的。穷人几乎不存钱，因为他们的收入只够维持消费。贫穷国家也是如此。随着人们变得富裕，国家变得富裕，储蓄会增加，这会导致中性利率下降。事实上，根据世界银行的数据，低收入国家的储蓄率远低于富裕国家，1994 年至 2007 年（有该数据的时期）低收入国家的平均储蓄率为 12%，而世界整体储蓄率约为 25%。①

三、人口演变的作用

人口演变是不是导致利率下降的部分原因？相关文献令人困惑。一些人认为，人口演变确实导致了 r^* 的下降，但其将在未来导致储蓄大幅减少，从而带来更高的 r^*（Goodhart and Pradhan，2020）。一些人持相反观点，并预测利率将进一步下降（Auclert et al.，2021）。然而，还有人（Platzer and Peruffo，2021）认为，

---

① 这显然不是所有国家都适用。比如，中国在人均收入很低的时候储蓄率依然在上升。

人口演变在很大程度上解释了 r^* 的下降，但展望未来，他们预测 r^* 从现在开始将基本保持稳定。①

世界上主要有三个方面的人口演变在起作用：

- 首先是生育率（每位妇女平均生育子女数）下降，这在新兴市场和发展中经济体中更为明显，几乎无处不在。全球生育率从1950年的5下降到如今的2.5；展望未来，这一数字预计将进一步下降，但速度要慢得多，预计2045年至2050年将达到2.3。②
- 其次是预期寿命延长，这同样在各经济体中普遍存在。全球平均预期寿命从1950年的45岁提高到今天的72岁。据预测，除了非常富裕的国家（这些国家预期寿命的增长将更为有限），未来预期寿命将以大致相同的速度继续延长。③
- 第三方面在发达经济体最为明显，即所谓的"婴儿潮"，第二次世界大战后出生人口大幅增长，但这是暂时的。随着"婴儿潮"一代年龄的增长，这种影响将逐渐消退。

---

① 参见 Favero, Gozluklu, and Tamoni（2011）。
② 文中的数据来源于联合国的 *Our World in Data*，2012年资料，"各时期世界人口的生育率水平（1950—2100）"。https://ourworldindata.org/uploads/2014/02/World-population-by-level-of-fertility.png。
③ 数据来源于联合国的 *Our Word in Data*，2019年资料，"预期寿命，2019年"。https://ourworldindata.org/grapher/life-expectancy?time=1770.2019&country=Africa+Americas+Asia+Europe+Oceania+OWID_WRL.

在这里，我用一个简单的图（图3.7）来分析这三个因素各自的影响，它同样基于一个简单的代际交叠结构。

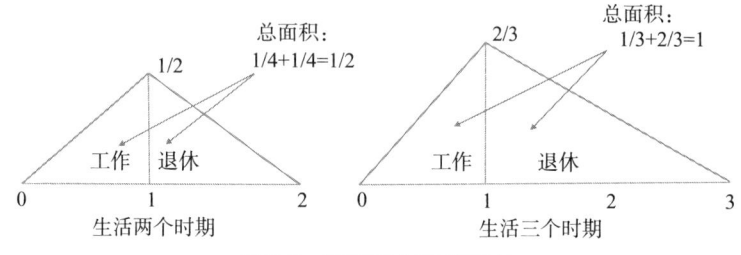

图 3.7 预期寿命和总财富

假设人们生活两个时期，在第一个时期工作，收入为1，在第二个时期退休，依靠储蓄消费；再假设利率和贴现率都等于零，那么人们会采取平滑的消费路径。图3.7的左图显示了一个消费者一生中财富的演变：在达到退休年龄时财富从0增加到1/2，然后在退休后逐渐从1/2下降到0。假设人口不变，财富的横截面也如图3.7所示，经济中的总财富显示为三角形的面积，即 1/4+1/4=1/2。

现在假设寿命延长了，人们生活三个时期，还是在第一个时期工作，收入是1，但现在退休时间变为两个时期。图3.7的右图表示这种情况下一个消费者一生中财富的演变。为了在一生中保持消费不变，消费者现在需要在工作期将收入的2/3存起来。在达到退休年龄时，财富从0增加到2/3，然后在退休的两个时期又回落到0。看看新的稳态，假设人口不变，经济中的总财富显示为三角形的面积，即 1/3+2/3=1，是原来的两倍。

这个数字背后的假设过于简化，预期寿命的变化显然过于极端。寿命延长时发生的动态调整被忽略了。退休年龄被假定是固定的；如果退休年龄的提高与寿命的延长成比例，即 1/2，那么储蓄率将保持不变（但从历史上看，退休年龄没有按比例提高）。现收现付的社会保障制度降低了人口因素对储蓄的影响。人们存钱不是出于生命周期的考虑。人们会留下遗赠。但基本结论是稳健、明确而重要的：预期寿命延长可能导致储蓄增加，从而导致利率下降。①

类似的方式也可以用来思考低生育率和"婴儿潮"的影响。我把计算留给读者，你们可以使用同样的图解方法。工作者相对于退休者的比例降低，总体储蓄减少，但收入减少的比例更大，因此储蓄率（即两者之比）再次上升。"婴儿潮"导致婴儿潮一代工作时储蓄率上升，退休时储蓄率下降，这种影响在今天很重要，但在未来会逐渐消退。然而，展望未来，主要影响因素将是预期寿命延长，这表明利率将继续面临下行压力。

四、结论

未来呢？

投资者似乎认为，利率将在一段时间内保持低位。这可以通过从不同期限国债的期权价格推导出风险中性概率来推断。截至 2022 年 1 月，美国的结果如表 3.1 所示。

---

① 有时有人会说，寿命的延长意味着非储蓄者的占比更高（这个命题是正确的）从而降低了总储蓄（这不正确）。图 3.7 显示了为什么这是错误的思维方式。

表 3.1 名义利率在 5 年或 10 年内低于给定值的可能性（截至 2022 年 1 月）

货币	期限	<0%	<1%	<2%	<3%	<4%
美元	5 年	11%	27%	54%	77%	88%
美元	10 年	16%	29%	50%	71%	84%
欧元	5 年	50%	76%	88%	93%	96%
欧元	10 年	38%	60%	77%	86%	92%
英镑	5 年	25%	51%	74%	87%	93%
英镑	10 年	32%	52%	70%	83%	90%

数据来源：私人通信（Private communication）。

例如，投资者认为 5 年内美国短期名义利率超过 4% 的概率为 12%，10 年内超过 4% 的概率为 16%。欧元区对应的概率是 4% 和 8%，英国是 7% 和 10%。名义利率超过 4% 的可能性特别有趣，因为这是对未来 5 到 10 年名义 GDP 增长（2% 的实际增长和 2% 的通胀）的合理预测。①

这是正确的吗？我认为大致是正确的，一方面是因为长期安全利率在 10 年或更长时间内保持低于增长率的可能性很大，另一方面是因为这种可能性小于 1。

我把利率的稳步下降视为深层基础因素在起作用的证据：30 多年来，所有主要经济体的实际利率都在稳步下降。这种下降不是由全球金融危机或新冠疫情危机造成的。在大多数发达经济体，目前 10 年期实际利率通常比 10 年期实际增长预测值低 3%。

---

① 在评估 $r-g$ 时，人们可以使用实际利率（使用 GDP 平减指数而非 CPI 进行计算）和实际增长率，或名义利率和名义增长率，就像本书所做的这样。

过去（r–g）也出现过大的负值，（r–g）的符号逐渐（有时迅速而持久地）逆转。但这些情况通常是由意想不到的通胀、金融抑制或 r 小于 r^* 所致。今天的情况并非如此。有效利率下限在许多国家具有约束力的事实表明实际情况正好相反——r^* 小于 r。

我希望我们能更好地了解到底是哪些因素导致了这种下降。潜在因素很多，但它们的各自作用还未得到很好的确定。通过解读证据，我更加重视人口演变和收入增加导致的储蓄变动，以及对流动性和安全资产需求的增加。总的来说，对于这些潜在因素，我看不出有什么明显的理由表明它们的影响会在短期内发生变化。

然而，有些可能会。在非政策因素中，有一个不可忽视的可能性，即技术进步速度加快（例如与绿色投资有关的技术）。这可能导致增长率上升（尽管其更多的可能是影响增长的性质，而非增长率），从而导致 r^*–g 这一负值的绝对值更大。但这也会导致投资大幅增加。据估计，在 10 年或更长时间内，绿色投资可能会使总投资增加 GDP 的 2%。这将持续扩大总需求，从而提高 r^*。[1]

回到本书研究的主题，主要的政策因素——财政政策——可能非常重要。

---

[1] 国际能源署（International Energy Agency，2021）估计，到 2050 年全球向零净排放过渡意味着全球能源投资占世界 GDP 的比例将从 2016—2020 年的 2.5% 增加到 2030 年的 4.5%，之后将逐步下降到 2050 年的 2.5%。关于未来技术进步的相反和悲观观点，请参阅 Gordon (2016)。了解乐观观点，请参阅 Brynjolfsson and McAfee (2014)。

- 公共支出暂时性的大幅增长可能会导致 r^* 在一段时间内大幅上升，迫使央行提高 r 以避免经济过热。在本书撰写时，人们确实担忧拜登2021年的刺激计划可能会导致经济过热，通胀加剧，需要美联储大幅加息来应对。[①] 然而，随着刺激对需求的影响逐渐消退，这种影响最终会消失。

- 进一步地，持续的巨额赤字可能会提高债务率，进而永久性提高 r^*，提高 r^*-g 的值，甚至可能改变 r^*-g 的符号。现有文献对债务对中性利率影响的估计表明（不幸的是，这些估计都相当粗略；关于这个主题的更多内容请参见第五章），债务率每提高1%，中性利率就会提高2到4个基点。因此，如果（全球范围内的）公共债务率提高到GDP的50%，可能导致 r^*-g 增长1%至2%，从而大大缩小 r^* 和 g 之间的差值。这种债务结果不太可能出现，但计算表明，使用的财政政策越多，r^* 相对于 g 就越高。

- 事实上，本书的主要结论之一是，财政政策的目标应该是保持 r^* 足够高，使有效利率下限不具有严格的约束力，并可能更高。如果实施了这样的财政政策，这将为 r^* 设定一个下限。

---

① 本书将在第六章讨论美国财政政策及其影响。

第四章

债务可持续性

前面的章节已经打好了基础，接下来将转而关注低利率对财政政策的影响。有两个问题需要回答，这两个问题有时容易混淆：

- 一个国家有多大的"财政空间"？或者更准确地说，在引发债务可持续性问题之前，这个国家还有多少增加债务的空间？
- 如何利用这一财政空间？有空间并不意味着就应该利用它。财政政策就是关于是否、何时以及如何利用这些空间的政策。

第四章是对上面第一个问题的深入探讨，第一节从确定性下的债务动态演算开始，重点关注（$r-g$）的作用。讨论了（$r-g$）、债务和基本收支余额各自的作用。它揭示了（$r-g<0$）的重要含义：政府可以维持基本赤字，并保持债务率稳定，形式上不存

在债务可持续性问题。无论政府的基本赤字是多少，债务都可以增加且不会引发债务危机。换句话说，政府似乎拥有无限的财政空间。

但是，第二节表明这个结论过于绝对，原因有二。首先，财政政策以增加债务或赤字的形式增加总需求，会提高中性利率 r^*。货币当局如果根据 r^* 调整实际利率 r，就会加大 ($r-g$) 的值，从而减少财政空间。其次，不确定性至关重要。债务可持续性从根本上说是一个概率问题。为便于操作，可以暂时将其定义为：如果发生债务危机的可能性很小，债务就是可持续的（仍然需要定义"发生债务危机"和"小"，这是可以做到的）。考虑到这一点，第四章第二节讨论了引发不确定性的各种因素及其对债务可持续性的潜在影响，探讨了债务率、债务期限、当前和未来基本收支余额的分布，以及当前和未来 ($r-g$) 等因素的作用，展示了政府、投资者和评级机构如何使用"随机债务可持续性分析"，表明了从当前水平切实减少债务对债务可持续性几乎没有影响，展示了在 ($r-g$) 增大和符号反转的情况下应急计划的重要性。

第三节研究了制定财政规则以确保债务可持续性的问题。随机债务可持续性分析只能每年在每个国家就地开展。随机债务可持续性分析所需的假设，如关于 ($r-g$) 的未来演变，为分歧留下了空间。我们是否能够设计出次优的模式化的规则作为"政策护栏"，同时还能为财政政策发挥宏观调控作用留下足够的空间？这是欧盟目前正在讨论的问题。我对模式化规则能否很好地发挥作用持怀疑态度，但是，如果终究要采用这样一种规则，我会对它应该探索的方向提出建议。基于分析，我认为该规则应根据偿债负担而不是债务来调整基本收支余额。

第四节讨论了公共投资（如绿色投资）与债务可持续性之间的关系。出于政治原因，财政紧缩往往导致公共投资减少，而非其他支出的减少。为了提高财政透明度而分离经常账户预算和资本账户预算是有充分理由的。但是，全部通过债务为公共投资融资（这种情况有时会出现）则不太站得住脚。公共投资可为政府带来直接财务收益，它确实可以部分由债务提供资金且不会影响债务的可持续性。有人可能还会辩称，通过促进经济增长，公共投资会增加未来的财政收入。但是，大部分公共投资，即使增加了社会福利，也不会为国家带来财务收益，而且对经济增长的影响也不确定。因此，公共投资会影响债务的可持续性，在确定其融资方式时必须考虑到这一点。第四节展示了如何将这一点纳入债务可持续性分析。

第五节考虑了主权债券市场骤停的风险以及中央银行在这种情况下的潜在作用。主权债券市场（以及许多其他市场）容易受到骤停的影响，即使基本面没有发生重大变化，也会发生投资者要么退出要么要求大幅利差的情况。这更多的是新兴经济体市场面临的问题，但欧洲债务危机表明，它也与发达经济体息息相关。即使基本面表明债务可持续性风险很小，并且低利率是合理的，也有可能出现另一种均衡，即投资者担心债务可持续性存在风险，要求获得高于安全利率的利差，从而增加了债务国的偿债负担，提高了债务不可持续的可能性，最终反而印证了投资者最初的担忧。基于这种均衡的性质，它通常被称为"太阳黑子均衡"。我认为，虽然这个问题很重要，但只有极低的债务水平才能消除多重均衡，而这种债务水平须远低于当前的水平。未来几十年间，切实的债务削减并不能消除这种风险。

随后，我着眼于央行能否降低甚至消除这种风险。我区分了导致利差增大的两种原因：太阳黑子均衡和基本面恶化。我认为，央行作为大型稳定投资者，可以防止多重均衡的出现，消除由太阳黑子均衡导致的利差增大，但如果利差增加部分是由基本面恶化造成的，此结论就不那么显而易见了。简而言之，原因在于央行是政府的一部分，其干预只是改变了政府总负债的构成，但没有改变其规模，也没有改变整体风险。我探讨了为什么欧洲央行的情况有所不同，以及它在新冠疫情危机期间压低意大利利差的能力。

第六节讨论了关于央行与债务可持续性关系的两个问题。一些观察者认为，通过量化宽松和大规模购买政府债券，央行正在将赤字货币化，以为政府纾困。我认为事实并非如此。另一些人则认为，为了减轻债务负担，央行应该直接减记其资产负债表上持有的政府债券。我认为，这是不必要的，并且即使这样做了，也无助于改善政府的预算约束。

在最后第七节中，我指出负的（$r-g$）可改善债务动态。然而，因为财政政策的内生性和它对中性利率的影响，以及不确定性，特别是与 r 有关的不确定性，这并不能消除债务可持续性问题。

评估债务可持续性的最佳方法是使用随机债务可持续性分析，这种方法能够考虑到每个国家每年的具体情况。考虑到评估的复杂性，我对依赖定量规则表示怀疑。但是，如果使用这样的规则，应该根据偿债负担而非债务本身来调整基本收支余额，定义为 $((r-g)/(1+g))b(-1)$。然而，例外情况无法避免，例如，当央行受到有效利率下限的约束时，需要允许更大的基本赤字。

一、$(r-g)<0$ 时惊人的债务动态

公共债务动态由以下关系表示：

$B=(1+r)B(-1)-S$，或等价于 $B-B(-1)=rB(-1)-S$

其中，B 是期末债务的实际价值，$B(-1)$ 是其滞后值（假设时间间隔为一年），r 是债务的实际利率，S 是基本收支余额的实际价值，定义为税收减去非利息支出（助记符 S 代表盈余：其他条件相同的情况下，正的基本收支余额，即正的 S 值会减少

债务）。① ②

然而，在一个不断增长的经济体中，重要的不是债务，而是债务与国内生产总值的比率，简称"债务率"。③ 假定产出 g 的增长率使 $(1+g) \equiv Y/Y(-1)$，然后将上式两边同时除以 Y 得到：

$$b = \frac{(1+r)}{(1+g)}b(-1) - s$$

---

① 总赤字由 $[rB(-1)-S]$ 得出。然而，在官方报告和新闻报道中，赤字通常被报道为 $[iB(-1)-S]$，因此，它是衡量债务实际价值增长的一个不恰当指标。需要纠正的是，名义利率和实际利率之间存在差值（在本例中，是事后实际利率 $i-\pi$，而非事前实际利率 $i-\pi^e$），根据定义，这一差值等于通胀率。这种调整很重要——在过去通胀率高企时，影响要大得多。假设债务相当于 GDP 的 100%，通胀率为 2%，那么赤字的正确衡量值比官方衡量值低 2%（更好）。在 20 世纪 70 年代，当通胀率接近 10% 而债务率为 50% 时，两者之差相当于 GDP 的 5%，这是一个非常可观的差值。

② 一则逸事：1981 年，里根总统宣布赤字已经失控（当时，1980 财年的官方赤字为 595 亿美元……），这证明了大幅削减开支是合理的。杰弗里·萨克斯（Jeffrey Sachs）和我随后为《纽约时报》（1981 年 3 月 6 日）写了一篇专栏文章，认为虽然名义利率高达 12%，而通胀率也高达 10%（因此实际利率只有 2%，高名义利率只是反映了高通胀），经通胀调整后，正确衡量的赤字只有 140 亿美元，不到国民生产总值的 0.5%。3 月 13 日，我们的专栏文章引发了《纽约时报》的回应，一位著名的哈佛校友指责我们是通胀爱好者，并建议哈佛不要给我们终身教职。

③ 有人可能会质疑使用 GDP 作为分母。考虑到债务的可持续性，更好的比率可能是债务与财政收入的比率。（自 2000 年以来，发达经济体的财政收入与 GDP 之比一直相当稳定，约为 35%，因此，关注债务与财政收入之比而不是债务与 GDP 之比的演变，会产生大致相同的结果。）对于其他目的，例如，考虑债务对投资率（投资与 GDP 之比）的影响，债务与 GDP 之比更合适。

其中 $b \equiv B/Y$ 为债务率，$s \equiv S/Y$ 为基本收支余额与 GDP 之比。重组得到：

$$b - b(-1) = \frac{(r-g)}{(1+g)}b(-1) - s \qquad (4.1)$$

这是债务动态的基本方程。债务率的变化取决于两个方面：基本收支余额比率，以及（滞后）债务率与（r-g）的乘积。为什么是（r-g）？原因在第一章已给出：假设基本收支余额为零，债务以速率 r 增加，产出以速率 g 增加，则债务率以（r-g）增加——注意（1+g）术语必须存在，但其对讨论无关紧要。因为 g 是一个很小的数，所以（1+g）非常接近于 1。①

关于债务动态的标准讨论通常假设（r-g）为正。这意味着，为了稳定债务率，政府必须实现基本盈余。将 $b=b(-1)$ 代入式（4.1）即可看出。由下式得出所需的基本收支余额：

$$s = \frac{(r-g)}{(1+g)}b \qquad (4.2)$$

债务越多（暂且忽略这里的"比率"），所需的盈余就越大。因此，如果政府出现赤字并增加债务，那么为了稳定债务，它迟早将不得不需要更大的基本盈余，要么通过增加税收，要么通过减少支出，或者两者兼施。否则，随着时间的推移，债务问题将

---

① 如果我把债务动态构建为连续时间模型，这一项就不存在了。

会爆发。

现在假定（r-g）<0，就像当前的情况。那么，为了稳定债务率，所需的基本收支余额仍由式（4.2）得出。已知（r-g）<0，则政府不需要维持基本盈余。相反，它可以维持基本赤字。事实上，债务率越高，在保持债务率稳定的情况下，其基本赤字可以越大！

最终结果似乎自相矛盾。我们可以这样理解。政府必须为债务支付利率为r的利息，从而导致利息支付等于rb。但是，由于产出以速率g增长，它可以每年发行数额为gb的新债务，且仍保持债务率不变。如果g超过r，则新发行债务的收入大于利息支付，债务越高，两者之差越大。①

式（4.2）的含义可以用更引人注目的方式表述：

- 假设还是从稳定债务率出发，政府进一步永久性地增加一定数量的基本赤字。那么，由式（4.1）可知，债务率会提高，但不会爆发债务危机，而是收敛到 s（1+g）/（r-g）的值［将式（4.2）反转，将b视为s的函数］。因此，如果我们将债务可持续性视为不会爆发债务危机，那么在

---

① 由于结果取决于国家在每段时期发行的新债务，一些研究人员将这种结果称为"庞氏骗局"或"庞氏融资"。我认为这是一种误导。庞氏骗局确实依赖于庞氏发行人每一段时期吸引新投资者以支付现有投资者利息的能力，但通常情况下，为了维持骗局，潜在投资者数量增加的速度在很大程度需要超过可用投资者池的增长速度，最终，该计划不再可行并崩溃。就政府而言，如果r<g永远成立（非常有可能，我将在下面讨论），可能会有足够多的新投资者永远维持这个计划。

（r-g）<0 的假设下，债务总是可持续的。它可能会增加，但最终会收敛而不是爆发债务危机。就"财政空间"而言，政府拥有无限的财政空间。

然而，不会爆发债务危机的观点在理论上可能比在经验上更有说服力。如果（r-g）接近于零，并且如果政府有大量的基本赤字，债务可能会长期增加，并收敛到一个非常高的水平。例如，如果 s=-3%，g=2%，r=1%，那么（r-g）=-1%，债务仍然会收敛，但会达到 GDP 的 306%。实际上，如此大规模的债务增长可能无法与爆发债务危机区分开来。我稍后再谈这个问题。

- 假设初始债务率和基本收支余额满足式（4.2），因此债务率是稳定的。现在假设政府在某一年因为减税增加了基本赤字。然后，它将返回到相同的基本收支余额。债务率最初会提高，但随着时间的推移，它会回到初始的水平。[1] 换句话说，政府可以发行债务，且永远不需要提高税收来支付额外的债务！

这些结果令人惊讶，迫使我们质疑债务的标准讨论（比如问

---

[1] 基本代数推导如下：设 b^* 为初始债务水平，$s^* = (r-g)/(1+g) b^*$ 表示相关的初始基本收支余额。那么，如果在一次性税收减少后 s 回到其初始值 s^*，则可以将式（4.1）重写为 $(b-b^*) - (b(-1)-b^*) = ((r-g)/(1+g))(b(-1)-b^*)$。若时间足够长，极限是 $b=b^*$。

"我们的孩子未来是否必须通过更高的税收来支付债务")。①

可以从数据中看出（$r-g$）<0 的含义：例如，尽管人们对高水平的债务和庞大的基本赤字感到担忧，但国际货币基金组织预测，到 2026 年，27 个发达经济体中有 18 个经济体的债务率将下降，只有比利时、韩国和美国这三个国家的债务率将增长略高于 2 个百分点。②

---

① 另一种说明当 $r<g$ 时式（4.1）含义的方法已由里卡多·雷斯（Ricardo Reis, 2020, 2022）进行了探索。假设 r 和 g 是常数，未来的盈余是确定已知的（这些假设不是必要的，但它们起到了简化作用）。当 $r>g$，将债务动态方程向前整合，并假设债务率最终不会爆发债务危机，这意味着债务与 GDP 的比率必须等于基本盈余与产出比率的现值，其中贴现率为 $r-g$。这种关系在许多理论中起着核心作用，如在约翰·科克伦（2022）提出的价格水平的财政决定理论中。但是，当 $r-g<0$，未来盈余的贴现率随着时间增加，未来盈余的现值变为无限大。在这种情况下，雷斯建议通过加减 $\hat{r}b(t-1)$ 来重写债务动态方程，其中 $\hat{r}$ 是大于增长率的贴现率（例如我们在前一章中看到的资本平均边际产出高于增长率），因此 $\hat{r}>g$。得出以下等式［简单起见，忽略（$1+g$）项］：$b(t)=(1+r-g)b(t-1)-s(t)+\hat{r}b(t-1)-\hat{r}b(t-1)$，也就是 $b(t)=(1+\hat{r}-g)b(t-1)-s(t)-(\hat{r}-r)b(t-1)$. 对于任意一个大于 g 的变量 $\hat{r}$，我们可以再次进行向前整合，假设债务率的贴现值没有暴增，得出债务作为两项的现值：$b(t)=\sum_{1}^{\infty}(1+\hat{r}-g)^{-i}s(t+i)+\sum_{1}^{\infty}(1+r-g)^{-i}(r-r)b(t+i-1)$。换句话说，债务可以表示为基本盈余的现值，按照（$\hat{r}-g$）贴现后加上雷斯所说的债务收入项，即 $\hat{r}-r$ 乘债务之差的现值。随后，他继续思考是什么决定了这个收入项，并提出了其他模型，其中流动性或特殊风险决定了安全利率 r 与被认为是资本边际产出的 $\hat{r}$ 之间的差值。里卡多和我讨论得很愉快，但我们同意保留不同意见。我看不出这一步在概念上有什么好处。显然，无论使用原始方程还是修改后的方程，债务动态都是相同的。我看不出人们是基于什么理由来选择 $\hat{r}$ 的：为什么不选择使盈余的现值变小，而债务收入变大的垃圾债券的利率呢？就安全债务的范围而言，恰当的贴现率是安全利率，而非其他任何利率。虽然从福利的角度来看，安全利率和资本平均边际产出之间的差值背后的原因非常重要，但我看不出从债务收入的角度来思考能得出什么。

② 来源于国际货币基金组织《财政监测报告》，2021 年 4 月，表 A8。

简而言之，当 $(r-g)<0$ 时，债务动态是更良性的。但从表面上看上述结果是错误的，原因有两个，这与第三章对未来利率走势的预警相似：

- 内生性。利率在一定程度上取决于财政政策。无论是国内还是全球（两者的相对权重取决于金融市场的一体化程度），持续的巨额赤字都可能提高中性利率 r^*，进而提高实际利率 r，使债务动态恶化。我在第三章中指出，$(r-g)$ 在未来很长一段时间内不太可能发生持久性符号逆转的情况，但如果发生，债务动态将进一步恶化，政府将不得不维持基本盈余以稳定债务。
- 不确定性。即使 $(r-g)$ 在很长一段时间内的平均预测值为负，这些预测也具有很大的不确定性（尽管现在不一定比以前更不确定）。因此，接下来我们探讨债务动态、债务可持续性和财政空间，并将不确定性考虑在内。

二、不确定性、可持续性和财政空间

考虑不确定性，并回到式（4.1）。债务随时间的演变取决于当前和未来的 $(r-g)$ 和 s。除非我们给 $(r-g)$ 的分布设定一个上限，否则爆发债务危机的可能性很小，但不是不可能。[①] 这就

---

① 换句话说，如果 $r-g$ 可能为正，并且基本收支余额可能显示为赤字（$s<0$），那么债务危机就有可能爆发。

提出了债务可持续性的可操作性定义："如果债务在未来 n 年内呈爆炸式增长的可能性足够小，那么债务就是可持续的。"

这清楚地表明，可持续性是一种基于概率的陈述。这显然不能解决问题，因为人们必须决定什么是"债务呈爆炸式增长"，n 应该是多少，以及"足够小"到底是什么意思。但这表明应该开展随机债务可持续性分析：

- 计算未来 n 年的债务分布，不仅基于平均预测，还基于这些预测假设的 $(r-g)$ 和 s 的分布。
- 通过权衡预测质量（当 n 值较大时，比如超过 10 年，预测质量会急剧下降）与允许债务发生非爆发性变动来选择 n。几年债务率的提高并不令人担忧，也不一定会威胁债务可持续性。[1]
- 选择"爆发债务危机"的可操作性定义。例如，当预测期限趋近于 n 时，债务率曲线的斜率可能是正的。因此，根据前面的讨论，区分快速收敛到高债务水平和严格的债务

---

[1] 我正在掩盖一个棘手的问题：非常长期（如 30 年以上）的基准预算预测是否有用。这些数据可能显示出非常高的债务水平，但它们在很大程度上依赖于我们知之甚少的假设。例如，美国国会预算办公室对未来 30 年债务的预测（美国国会预算办公室网站，2021 年 3 月）显示，债务率大幅上升，从 2021 年占 GDP 的 102.3% 上升到 2051 年的 202.2%，在样本时期结束时迅速增长。然而，这些预测是基于随时间推移上升到 4% 以上的名义利率。在另一种假设下，名义利率在这段时间内平均为 2%，到 2051 年，债务率"仅"为 140%，到样本时期结束时将趋于稳定。我的初步结论不是人们应该忽视未来可能出现财政问题的信号，而是这种讨论必须与随机债务可持续性分析分开。

危机爆炸式增长在实践中应该是不可能的。

如果债务出现爆炸式增长，评估的核心显然是政府将采取什么措施。因此，把这个演算分成两步进行是很有用的。

第一步是在现有政策下进行上述演算。① 如果这些政策很可能导致债务率在预测期限接近 n 时仍不会激增，那么就没有必要采取第二步。然而，如果现有和已宣布的政策极有可能导致债务率激增，那么就需要采取第二步措施。

第二步取决于是谁做的。如果是政府采取行动，那么它需要宣布打算如何修改现有的或已宣布的政策。如果有财政部门或财政委员会，其作用可能是请求甚至要求政府提出一个可信的调整计划，使债务更可持续。② 如果是外部观察者——比如投资基金或评级机构——那么它就必须评估政府的计划，并确定政府是否、如何以及何时会进行实际调整，评估政府是否有可能成功，从而判断债务是否可持续。

第一步和第二步在本质上是完全不同的，需要不同类型的信息。

形式上，第一步需要假设 r、g、s 的联合分布。

首先，三个变量的平均预测值很可能从标准预测来源获得。难

---

① 对于如何处理可能发生但尚未完全投票通过的变化，存在一些模棱两可之处。根据法律规定，美国国会预算办公室必须根据"现行法律"构建其基线预测。在某些情况下，现行法律的某些方面显然会被修改，而那些本应到期的项目将被延长，这有时会导致美国国会预算办公室的基线预测失真。
② 美国国会预算办公室没有权力提出这样的要求。然而，它可以为宣布的计划"打分"，让国会来决定。

点在于对分布做出假设。这可能需要结合不同的信息来源：寻找过去变量之间协变的定量证据，例如选用向量自回归模型；考虑政策和其他冲击对产出和政府收入的影响，例如选用宏观模型的随机模拟；可用的市场信息，例如第三章末尾给出的美国名义利率的概率分布；有关未来的具体信息，例如有关隐性负债的信息，以及公共养老金体系需要部分由一般预算提供资金的可能性的信息。

从某种程度上说，利率 r 的不确定性可能是目前最重要的问题，债务的平均期限也非常重要：较长的债务期限可以保护政府免受短期利率暂时上升的影响，并使政府有更多时间来适应长期利率的上升。[①] 债务的计价货币也很重要。由于汇率变动，外币债务很可能意味着事后利率的分布区间要大得多，因此也意味着期终债务的分布区间要大得多。

一个困难的实际问题是如何考虑可持续性风险本身对利率和由此产生的债务动态的影响：假设该国能以安全利率（或以安全利率加上固定利率，如历史上给定的风险溢价）借款，那么随机债务可持续性分析表明债务危机可能爆发的结论不可忽视。这意味着，如果投资者获得相同的信息，他们将要求风险溢价和更高的利率。利率上升反过来将导致债务动态恶化，提高债务危机爆发的可能性，进而导致更高的风险溢价，如此循环。这种非线性关系增加了求解内生风险溢价和债务均衡分布的难度。我与贡萨洛·胡尔塔斯和迈克尔·基斯特正在进行的研究取得了一些进展

[①] 一个有趣的演算是使用随机债务可持续性分析的方法推导债务可持续性的影响和最佳期限构成，参见泽尼奥斯等人的文章（Zenios et al., 2021）。

（Blanchard、Kister and Huertas，2021），但这项研究使我确信在现实的随机债务可持续性分析环境中做到这一点很困难。在实践中，最实用的方法可能是首先忽略反馈效应并假设一个固定的风险溢价，但如果债务危机爆发的概率被证明是不可忽略的，则通过将隐含的爆发概率信息添加到利率的初始路径并迭代来重新进行模拟。

评级机构是怎么做的？

评级机构是怎么做的，评级时债务水平的权重有多大？[a]

标准普尔 2019 年详细描述了标普全球（S&P Global）的评级方法。该评级机构将其评级建立在五大"支柱"上：制度（如治理质量、透明度、债务历史），经济（人均收入、增长、波动性），外部（货币地位、外部流动性、外部头寸），财政（债务率、偿债负担、绩效、灵活性）和货币（汇率制度、央行独立性、可信度）。

从言语到行动：对主权债务评级的计量经济学决定因素的文献回顾表明，最常出现的解释变量是人均 GDP、过去的违约情况、通胀率、债务和赤字。[b]

为了探索债务本身的作用，我从高盛的一项研究（Ardagna，2018）着手，该研究考虑了 1984 年至 2017 年经济合作与发展组织（OECD）21 个国家的标普全球、穆迪（Moody's）和惠誉（Fitch）评级（取决于某些国家的数据可得性）。该研究将这些评级划分为 11 个级别，从 1 到 11，其中 11 是最好的（三个评级机构都是 AAA）。然后，运用有序 probit 模型（一种服从正态分布的广义线性模型）对一系列变量的三组评级中的每一组进行了分析，主要是实际人均 GDP、GDP 增长率、失业率、通胀率、经常账户余额与 GDP 之比、净国际投资头寸与 GDP 之比，以及两个财政变量——政府债务与 GDP 之比和基本赤字与 GDP 之比。最一致的显著变量是实际人均 GDP 的对数和两个财政变量，债务与 GDP 之比的 t 统计量大于 10。

为了评估债务与 GDP 之比的贡献，我复制了回归分析并计算了每个国家、每年、每个评级机构估计出的一个国家拥有最高评级的概率。[c] 然后，我绘制了估计概率与每个国家、每年、每个评级机构的债务与 GDP 之比的关系。图 4.1 所示的散点提供了一个简单有力的结论。相对较低的债务是以较高概率获得最高排名的必要条件，但不是充分条件。

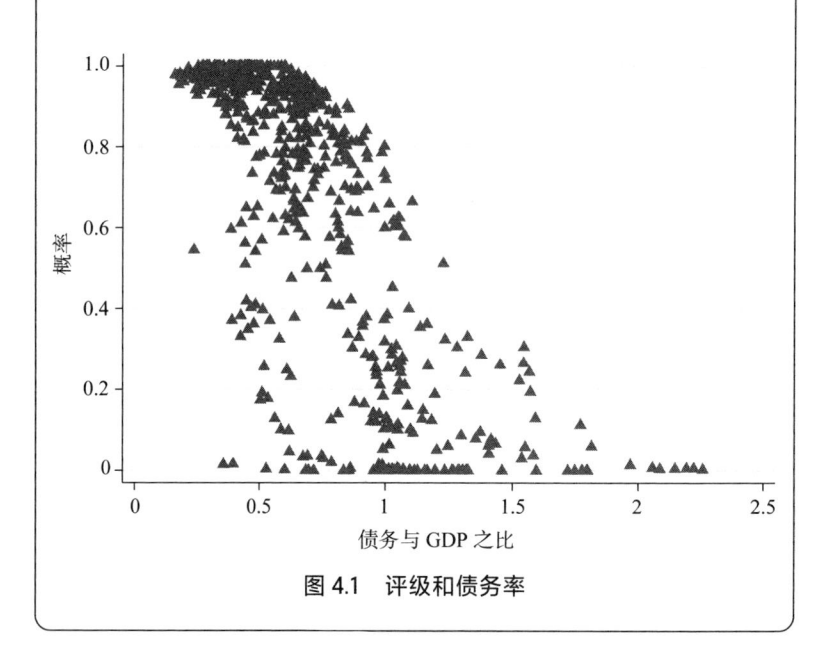

图 4.1　评级和债务率

首先看图 4.1 中点集合的外沿。获得接近或等于 1 的最高排名的必要条件是债务与 GDP 之比低于 70%。当债务超过这一水平时，获得最高排名的可能性下降到债务与 GDP 之比为 100% 时的 70% 左右，债务与 GDP 之比为 150% 时的 30%。但是，看看这个外沿下面的点集合。对许多国家来说，债务与 GDP 之比较低仍不足以获得高评级，说明其他因素占据了主导地位。

简而言之，评级机构过去评估债务可持续性时，显然考虑了债务以外的许多因素。与此同时，这也对债务水平相对较高的国家不利。问题是，在新的低利率环境下，它们是否会改变给予债务与其他因素的相对权重。（在本章的其余部分会提到，我认为它们应该这么做。）

---

a. 资料基于 Blanchard（2019a）的文章中对 Romer and Romer（2019）的讨论。

b. 参见 Afonso，Gomes，and Rother（2011），该文章具有一定的代表性。

c. 感谢巴克莱银行欧洲经济研究主管西尔维亚·阿达尼亚（Silvia Ardagna）提供的数据。

从政府的角度来看，第二步很简单。从现在开始，它可以对现有或已宣布的政策做出哪些改变，以降低爆发债务危机的可能性？如果未来某个时候仍需要大幅调整，政府准备采取哪些措施？

对外部观察人士来说，第二步更困难，他们需要对政府宣布的措施是否可信、是否充分降低了风险进行定性评估，如果不可信，政府是否愿意并能够避免债务危机爆发（如果可能的话）。这反过来又取决于许多因素：

- 取决于所需调整的规模。可能难以从巨额基本赤字转为巨额基本盈余。
- 取决于债务的期限。较长的平均期限使政府有更多时间调整基本收支余额，以应对短期利率的持续上升。
- 取决于所需的财政整顿对产出的影响，从而取决于货币政策抵消其不利影响的空间，以及有效下限的约束力大小。
- 取决于初始税收水平。如果初始税收水平已经很高，那么其增长空间是有限的。
- 取决于政府的性质（不仅现在，也包括未来，因此增加了预测的难度）。联合政府可能无法实现强有力的调整，议会制政府也是如此。
- 甚至可能取决于政策制定者的个人特质。例如，2021年2月，马里奥·德拉吉（Mario Draghi）被提名为意大利总理，显然打消了市场对意大利债务演变的担忧。

简而言之，评估债务可持续性既是一门科学，也是一门艺术。

这是否会让人陷入虚无主义，并得出结论认为，尽管债务或赤字等简单措施确实存在不足，但几乎不可能有所改善？我不这么认为。

随机债务可持续性分析的第一步非常有用。我在国际货币基金组织工作时就意识到了这一点。国际货币基金组织当时没有完整的随机债务可持续性分析方案，而是制订了几个替代方案。[①] 基于情景的讨论非常有用。在最坏的情景下，随机债务可持续性分析汇集了大量信息，并导向了关于假设的有用讨论，例如，关于 ($r-g$) 的分布或隐性负债变为显性负债的可能性。

在目前的环境下，根据第二章得出的结论，即 ($r-g$) 的符号在未来 10 年持续逆转的可能性虽然存在，但概率很小，第一步使大多数发达经济体在 10 年后债务迅速增加的可能性很小。但如果需要，这个过程的第二步可能对政府和外部观察者都极为有用。这促使政府考虑备选计划，以防 ($r-g$) 发生逆转。

以上是对方法论的讨论。现在转向具体的分析，根据随机债务可持续性分析的逻辑，我得出关于当前环境下债务如何影响债务可持续性的三个主要结论。

- 主要和明显的结论是，正如前面在确定性假设下的情况一样，($r-g$) 导向更良性的债务动态。虽然因为不确定性的存在，我们需要更谨慎地看待此结论，但适度的基本赤字不太可能引发债务不可持续的问题。
- 如果债务不可持续性被视为一个问题，切实降低债务率对债务可持续性的影响很小。假设一个政府通过长期的财政紧缩，在 10 年内成功地将债务率从 110% 降至 90%（回

---

① 现在正在研究一个完整的随机债务可持续性分析方法。参见国际货币基金组织报告（IMF，2021）。

到 60% 的目标，即欧盟现行财政规则的债务率目标，在未来 10 年内肯定是无法实现的，除非通胀率很高，名义利率很低）。假设 (r-g) 从 -3% 跳升到 0%，导致偿债负担相应增加。如果不考虑债务调整，偿债负担增量为 GDP 的 3.3%；然而，即使进行债务调整，这一数据仍然是 2.7%——对于用痛苦的长时期财政紧缩来换取这并不大的差异，似乎得不偿失。

- 相比之下，一个好的应急计划对债务可持续性的影响要大得多，例如，如果 (r-g) 因提高增值税税率而变得不那么有利，一个可靠的改善基本收支余额的应急计划是确保债务可持续性的更好方法。如果债务在目前的低水平 (r-g) 下是可持续的，那么针对 (r-g) 的持续增大，采取同比例改善基本收支余额的应急计划，可以完全消除债务可持续性的问题，虽然会有一定的分布滞后。[①]

总而言之：两步随机债务可持续性分析是讨论和评估债务可持续性的最佳方法。当前环境下 (r-g) 较小是可能的，但不是确定的结果，在 (r-g) 增大的情况下，改善基本收支余额的应急计划（而不是长期实行财政紧缩）才是确保债务可持续性的更好方法。

[①] 我意识到制订可信的应急计划面临的困难。这一计划的可信度取决于 r-g 增长的来源。潜在增长的下降可能会导致政治上难以削减赤字。r 的上升，如果反映了 r^* 的上升和总需求的增加，就更容易在不对产出产生不利影响的情况下减少赤字。但基本的概念观点是明确的。

随机债务可持续性分析是什么样的——以及一些启示

有趣的是，我们可以通过一个简单的模拟来展示随机债务可持续性分析的结果可能是什么样子，并加强本文的两个结论。[a] 首先，使用以下假设：

设 $(r-g)$ 为方差较小的随机游走 x 与白噪声项 u 的和：

$$(r-g) = x + u$$

$$x = x(-1) + e_x, \ e_x \sim N(0, s_x), \ x_0 = 0.0$$

$$u = a_u + e_u, \ e_u \sim N(0, s_u), \ e_u \text{ 和 } e_x \text{ 不相关}$$

这里有一个概念，即虽然预期未来 $(r-g)$ 等于其现值，但它可能随时间永久（如果是 e_x）或暂时地（如果是 e_u）增减。

选择以下校准方式：

假设 $s_x=0.3\%$。前 n 个周期 x 的标准差，称为 $\sigma(x_n)$，等于 $\sqrt{(n)} \times s_x$。假设模拟 n 的基准为 10 年。那么，$\sigma(x_n) = 3.3 \times s_x = 1\%$，且 $(r-g)$ 的永久分量 x_n 在 10 年内增加 2% 或更多的概率等于 2.5%。

取 a_u——$(r-g)$ 的现值（时间为 0，在 e_u 和 e_x 实现之前）——为 −2%，白噪声分量 s_u 的标准差为 1%。

债务积累方程[简单起见，忽略 $(1+g)$ 项] 由下式给出：

$$b - b(-1) = (r-g) b(-1) - s$$

假设基本收支余额 s 等于一个常数 a_s 加上白噪声 e_s，加上一个反馈项，使基本收支余额对偿债做出反应，如文中所讨论的：

$$s=a_s+e_s+c[(r-g)b(-1)], e_s \sim N(0,s_s), e_s 与 e_u、e_x 不相关$$

从一个没有反馈的基准情况着手，即 c 等于零。接下来的演算是计算 n 年后债务和赤字的概率分布。假设 b_0 等于 100%，基本收支余额为 a_s=-2%，同时假设 a_u=-2%，这意味着在确定性（$s_x=s_u=s_s=0$）下，负债率将保持不变。

以 10 年的债务增长（$b_{10}-b_1$）作为债务危机爆发的衡量标准。图 4.2 给出了基于 100 万次抽取的 e_x、e_u、e_s 的分布。尖峰肥尾的分布对应于 c=0.0 的情况。另外两个对应于 c 的正值，下面会讨论。

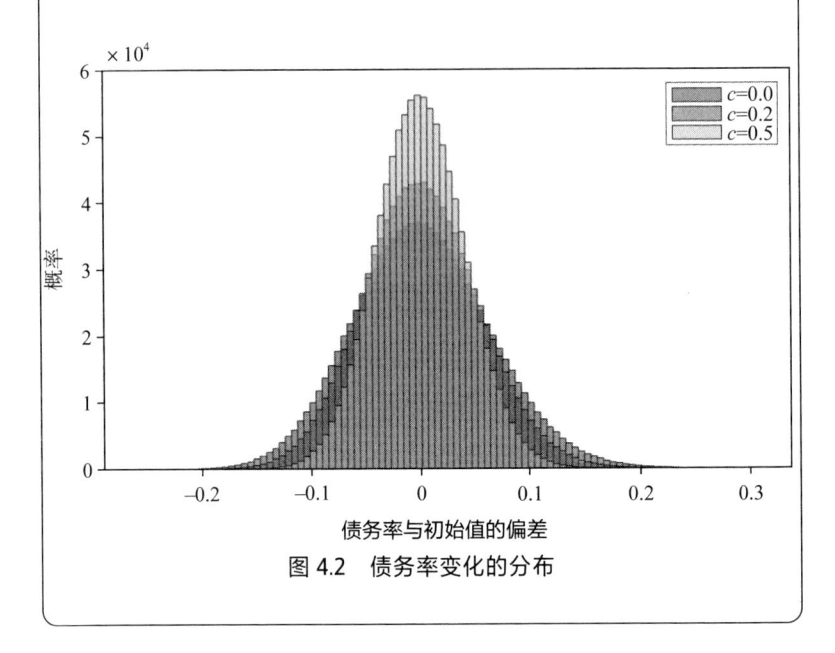

图 4.2 债务率变化的分布

在此基准下，10 年内债务率增幅超过 10% 的概率 p 为 5.8%。现在考虑其他选择：

- 假设初始债务是 0.9 而不是 1。那么，债务增长超过 10% 的概率提高至 7.8%！债务较低会提高债务增长的可能性，这令人惊讶。但这不是逻辑或编程上的错误。当 $(r-g)$ 为负时，从 -2% 开始，这很可能在一段时间内是正确的，投资者实际上愿意为持有债务支付费用，而较低的债务是不好的。人们不应过分看重这一结果，但它表明，降低债务可能没什么用。
- 相反，考虑基本收支余额在部分程度上根据偿债负担调整的情况，定义为 $(r-g) b (-1)$，则 c 为正。当 $c=0.2$ 时，分布明显变窄，因此债务增长超过 10% 的概率现在只有 3.8%（相比之下，当 $c=0.0$ 时这一概率为 5.8%）。当 $c=0.5$ 时，概率下降到 0.8%。这表明，为确保债务的可持续性，根据偿债负担适时调整基本收支余额是很有用的。
- 最后，考虑永久分量的标准偏差 s_x 为 0.2% 而不是 0.3% 的情况。在这种情况下（$c=0$），概率降低到 2.7%（而非基准下的 5.8%）。相比之下，短暂分量的标准偏差从 1% 降至 0.5%，只会将概率降到 4.4%。这表明评估 $(r-g)$ 的变动是暂时的还是永久的很重要。

---

a. 爱尔兰财政咨询委员会（2021 年，专栏 H）对爱尔兰进行了现实世界的随机债务可持续性分析，尽管我发现演算中假设的 $(r-g)$ 分布太宽。另一个相关的分析是由法国经济形势观察所（OFCE）

（Timbeau Aurissergues, and Heyer, 2021）构建的公共债务随机模拟器进行的，你可以用它来构建自己的模拟分析。

三、人们能设计出好的债务可持续性规则吗？

我建议进行评估，而不是制定规则。从概念上讲，如何设计债务可持续性规则远非显而易见。

人们需要区分两类规则：执行财政政策的规则和确保债务可持续的规则。它们的目标不同。我们在本章以及在讨论欧盟规则时涉及的是第二种类型：让各国遵循其偏好的财政政策，同时确保其不会引发影响其他成员国的债务可持续性问题。[①] 一个国家可能有很大的财政空间——也就是说，它可能有能力维持更高的债务和赤字——但它可能决定不使用这些空间（如德国）。从这个意义上说，这些财政规则不同于货币政策规则，比如泰勒规则或美联储刚刚引入的平均通胀目标制。

这就引出了一个明显的概念问题：财政空间以及债务可持续性取决于当前实际的和预期的财政政策。例如，在未来降低基本赤字以应对利率上升（如果利率上升）的可信承诺，将提高债务的可持续性，并在当前提供更大的财政空间。这在上面的一个模拟中很明显：给出一定的债务水平和基本收支平衡规则，根据未来的偿债负担调整基本收支余额，会使未来债务分布区间更窄，

---

① 在讨论欧盟规则时，二者的区别并不明显。

债务增长超过给定阈值的可能性更小。当前，债务和赤字相同的两个国家，财政空间却可能截然不同。

这不是前文描述的随机债务可持续性分析方法的问题。每个随机债务可持续性分析都是在每个国家每年就地完成的。因此，它可以具体考虑现行政策和已宣布的政策，例如根据偿债负担调整基本收支余额的可信承诺。但在设计规则时，这是一个更大的问题：就其本质而言，规则难以涵盖随机债务可持续性分析涵盖的所有元素。

如果目标是制定一项仅确保债务可持续的规则，这确实很容易。只需要做到非常保守即可。例如，只要按照德国的"黑零"原则，赤字始终等于零，就能确保债务可持续。而且，至少在理论上，最初的《马斯特里赫特条约》等规则也是如此。但它们会通过不必要地限制财政政策来做到这一点。这就是为什么欧盟的规则没有得到遵守，而且即便有所放松，这些规则在今天也普遍被认为是不可接受的。当前面临的挑战是找到既能确保债务可持续性又能留出足够空间来最优化利用财政政策的规则——例如，留出足够的空间来应对产出波动，特别是在货币政策受限的情况下，如受到有效利率下限约束。

考虑到这些因素，杰罗明·策特尔迈尔（Jeromin Zettelmeyer）、阿尔瓦罗·莱安德罗（Alvaro Leandro）和我认为欧盟应摆脱形式化的量化规则，并遵循上述方法。我们认为，欧盟委员会应与各国财政委员会一道，执行随机债务可持续性分析的第一步；在此之后，应与有关国家进行互动和讨论，然后进行第二步（如果需要）；最后，应该有一个裁决程序，无论是欧盟理事会还是法院新设的专业部门，要求该国调整计划或接受某种惩罚（Blanchard，Leandro，and Zettelmeyer，2021）。我仍然认为这是最好的办法。但许多政策制定者担心，这种方法可能过于无力，会导致无休止的分歧和讨论，他们认为，有必要制定正式的量化规则。

这引发了许多改革提议。①

一些提议的改革是最低限度的：例如，保持60%的债务率目标，但放松对调整速度的限制，或者将债务率目标提高到更现实的水平。许多人建议采取支出规则，通过支出规则限制支出，以允许财政对波动做出更强有力的反应，同时允许收入的周期性变动，且变动可能超出自动稳定器所隐含的幅度。

原则上，我们可以也应该把这个问题设为约束最大化问题。随机债务可持续性分析中哪些变量是可测量的？哪些因素对债务可持续性的影响最大？忽略那些无法衡量的因素有什么代价？这一点还没有做到。考虑到我们所处的情况，可接受的规则大致是什么样的？

- 寻求简单规则是可以理解的，但不切实际。这是从欧盟规则的历史中吸取的教训。这些规则开始很简单，但随着时间的推移，它们的缺点越来越明显，规则越来越复杂。今天很少有人能理解它们（Blanchard，Leandro，

---

① 参见贝纳西-克雷等人（Bénassy-Quéré et al.，2018）和布兰查德等人（Blanchard，Leandro，and Zettelmeyer，2021）的参考文献。

danZettelmeyer，2021）。

- 然而，上述对债务动态的分析表明了一个简单的起始原则。回到式（4.2）。债务是否可持续取决于能否产生足以偿债的基本收支余额，定义为 $((r-g)/(1+g))b(-1)$。为了避免债务率上升，政府必须有足够的基本收支余额来偿还债务。

- 本书建议的规则应将基本收支余额 [定义为 $((r-g)/(1+g))b(-1)$] 视作偿债负担的函数，从长期看应该是同比例变动关系。鉴于债务的平均利率可能突然变动（债务平均期限越长，这种变动就越小），允许基本收支余额的逐渐调整而不是立即调整非常重要。[1]

- 相对于基于债务的现有规则，以偿债负担而非债务为标准设定财政债务上限，是一种根本性的观念转变。（为了强化这一信息，在2021—2022年预算的摘要中，美国政府在显示债务与GDP之比的那条线上增加了另一条显示偿债负担预测值与GDP之比的线。）[2]

- 除了偿债负担，债务是否也应发挥作用？上述规则意味

---

[1] 这是所谓的博恩规则（Bohn rule，来自博恩1998年具有开创性的论文）的自然延伸，该规则表明，使基本收支余额成为债务水平的递增函数的规则将使债务保持平稳。博恩还指出，美国似乎遵循这一规律：债务越高，基本收支余额就越高。

[2] 福尔曼和萨默斯（Furman and Summers，2020）也关注偿债负担，然而他们将偿债负担定义为 $rb(-1)$，而不是这里的 $((r-g)/(1+g))b(-1)$，他们提出了一个相关建议：只要偿债负担保持在GDP的2%以下，财政政策就不受约束。如果偿债负担超过2%，那么债务率应该随时间缓慢下降。

着，在处理债务率的过程中有一个单位根，[1]人们可能希望通过债务率对基本收支余额的反馈系数来限制债务率的变动。一个原因是，即使只是出于政治原因，政府能够维持的基本盈余规模也是有上限的。如果存在这样一个上限，称之为 s_{max}，那么它与 $(r-g)/(1+g)$ 的分布一起会产生一个债务上限。具体来说，假设最大可持续基本盈余为GDP的3%，$(r-g)/(1+g)$ 可以达到2%，这个概率很小，但是有可能。则最大可持续债务水平为 $b_{max}=s_{max}(1+g)/(r-g)=3\%/2\%=150\%$。这就是马丁等人（Martin, Pisani-Ferry and Ragot, 2021）提议的主旨：沿着这些路径构建最高水平的债务率，并建立安全边际；然后，避免随着时间推移超过这个债务水平。将目标债务率作为 $(r-g)$ 分布的函数，并可能是 s_{max} 决定因素的函数，这确实是对欧盟现有60%债务率目标的改进。然而，上述分析表明，在一个现实的范围内，债务对可持续性的影响很小，因此债务对基本收支余额的反馈系数也应该很小。

- 最后，该规则应该具有一定的灵活性——如果出于宏观稳定的目的，应允许提高债务率。例如，如果私人需求非常低，而下调政策利率受到有效下限的约束，那么政府可能不得不通过维持庞大的基本赤字来维持需求，以至于即使债务动态是良性的（因为 r 很低），债务率也会上升。正如

---

[1] 例如，假设基本收支余额等于偿债负担，加上不可避免的白噪声：$s=((r-g)/(1+g))b(-1)+\epsilon$。则 $b-b(-1)=-\epsilon$。

第五章指出的，在这种情况下，最优政策很可能是维持该基本赤字，让债务率上升一段时间；因此，规则应该考虑有效利率下限是否具有约束力。①

同样，出于通常原因，根据周期性调整的基本收支余额来陈述规则可能是有意义的。这就提出了一个问题，即衡量产出变化是永久性的还是暂时性的，这个问题很难，但不可回避。

总而言之，我对使用量化规则来确保债务可持续性持怀疑态度。如果仍要使用规则，那么使基本收支余额随着时间变化根据偿债负担调整的规则是应该探索的方向。（在下一节讨论公共投资之后，我将回到欧盟财政预算规则改革的问题。）

四、公共投资和债务可持续性

公共投资往往是财政紧缩的受害者：从政治上讲，削减目前不能立马见效的支出比削减转移支付更容易。

有关公共投资的决策应遵循分离原则（separation principle）。

- 首先，无论是否通过债务融资，公共投资都应继续进行，

---

① 这就提出了一个问题：如果私人需求在结构性上仍然疲软，央行继续保持低利率，基本赤字必须大到让债务稳步增长，会发生什么？在某种程度上，债务可持续性可能成为一个问题。在第五章讨论了最优财政政策之后，我会回到这个问题。在第六章讨论日本的财政政策时，我会再次回到这个问题。

直到其经风险调整后的社会收益率等于政府在项目生命周期内的实际借款利率。[①]
- 其次，公共投资是否会影响债务可持续性取决于政府直接或间接获得的财务收益。即使有很高的社会收益，大多数公共投资项目也要么没有财务收益，要么财务收益低于市场收益；这确实是公共投资需要由公共部门承担的典型原因。因此，财务收益低的公共投资会影响债务可持续性。

这些考虑得出了一个明确的结论。如果一项公共投资没有给政府带来财务收益，那么，从债务可持续性的角度来看，它将与政府消费一样，对债务可持续性产生不利影响。即使预期财务收益等于预期市场收益，这些收益的不确定性仍可能影响未来债务的分布，从而影响债务可持续性。因此，尽管公共投资是可取的，但认为它可以自动通过债务进行融资的观点是错误的。它可能会影响债务可持续性，因此可能不得不部分由税收提供资金。[②]

一个实际问题是，是否应该考虑公共投资对潜在产出的影响所产生的间接财务收益，从而考虑公共投资对政府总收入的影响，即使这项投资没有给国家带来直接的财务收益。问题在于，这种影响通常很难事先进行精确评估，而风险在于政府会

---

① 这是一种简化。如果公共投资项目不会为国家带来市场收益，因此必须部分通过债务和税收相结合的方式融资，那么决策也应考虑到税收的边际成本。如果投资也有不利于分配的影响，也应考虑到这些影响。
② 因此，我不同意所谓的公共财政黄金律，即允许资本账户自动地、完全地由债务提供资金。

夸大积极的产出效应。出于这个原因，我认为应该让独立的权威机构评估这些间接影响。或者，如果做不到，只在这些间接影响明确的情况下才考虑它们。无论如何，都应考虑与这些影响相关的不确定性。[1]

原则上，随机债务可持续性分析能捕获公共投资对债务动态的所有影响，因此没有必要采取更多措施。然而，为了使公共投资更引人注目，从而在政府实施财政紧缩时减少对公共投资的削减，将政府预算分为经常账户和资本账户是合理的。此外，如果引入一项财政规则，并对基本收支平衡施加了限制，那么经常账户收支平衡是比政府总体收支平衡更好的衡量标准。

要搞清楚经常账户和资本账户可能是什么样的，可以考虑建立一个正式负责公共资本的政府机构，并将其账户与中央政府账户分开。（这可能是建立欧洲债务机构的蓝图。）在没有明确机构负责的情况下也可以实施单独核算，使其易于操作，但正式机构的存在会增加分离两种核算的可信度。（在"经常账户和资本账户分离的代数问题"专栏中给出了代数式及其含义。）

所以，想象一个负责公共投资和公共资本的政府机构。该机构损益表的支出部分是总投资支出。在收入方面，除了发债，该机构还有两个收入来源——公共资本的总财务收益以及政府转移支付，公共资本的总财务收益通常低于市场收益加上折旧，政府转移支付可弥补两者之间的差额。该机构根据需要发行债券，为

---

[1] 评估这些间接影响被称为"动态评分"，自1997年以来，美国国会预算办公室在其债务预测中有时会考虑到这一点。

收入和投资之间的差额提供资金。在这种安排下，机构债务完全由公共资本收入和中央政府转移支付支持。

再想想中央政府的损益表。在不分离经常账户和资本账户的情况下，政府支出除了债务利息支付，还包括政府消费和政府投资。政府收入除税收，还包括来自公共资本的财务收益。在新的中央政府损益表中，支出不包括公共投资，收入不包括公共资本的财务收益——两者都显示在新成立的机构的资产负债表上。然而，在支出方面体现的是中央政府向负责公共投资和公共资本的政府机构的转移支付。在某种程度上，财务收益小于市场收益加上折旧，转移支付为正值，减少了中央政府的基本收支余额，并可能影响债务可持续性。随机债务可持续性分析将表明债务空间而不是通过税收融资的空间。第五章将讨论如果这个政策空间存在，是否使用、应该如何使用，以及应该使用何种债务和税收组合。基于偿债负担调整基本收支平衡的规则可能希望使用基本收支平衡的这种定义，而不是标准的定义。

经常账户和资本账户分离的代数问题

考虑政府的标准预算约束。在支出方面，将基本支出分为消费支出和投资支出，在收入方面，将收入分为税收和公共资本的财务收益（假设产出增长等于零）。公式如下：

$$b-b(-1) = (c_g+i_g) - (\tau+xk(-1)) +rb(-1) \qquad (4.3)$$

其中，c_g是公共消费，i_g是公共投资，k是公共资本，τ是税收，x是公共资本的财务收益率。公共资本积累由下式得出：

$$k - k(-1) = i_g - \delta k(-1) \quad (4.4)$$

其中δ是折旧率。

公共资本的财务收益率（相对于社会收益率）通常低于私人资本的市场收益率，因此$x \leq r + \delta$。对于许多公共投资，x确实等于零。

现在把整个账户分成经常账户和资本账户。最容易想到的是，一个政府机构投资i_g，从公共资本获得财务收益$xk(-1)$，如果该收益小于市场收益$((r+\delta)-x)k(-1)$，则从中央政府获得转移支付。该机构可以发行债务b_a。机构的债务动态方程为：

$$b_a - b_a(-1) = (i_g - xk(-1) - ((r+\delta) - x)k(-1)) + rb_a(-1) \quad (4.5)$$

或等价的：

$$b_a - b_a(-1) = i_g - (r+\delta)k(-1) + rb_a(-1) \quad (4.6)$$

中央政府支出c_g，向机构转移支付$(r+\delta-x)k(-1)$，收取税收，并发行债务b_c。中央政府的债务动态方程为：

$$b_c - b_c(-1) = c_g + (r+\delta-x)k(-1) - \tau + rb_c(-1) \quad (4.7)$$

假设与资本相关的初始债务转移给机构,则 $b_a(0)=k(0)$,将 $k(0)=b_a(0)$ 代入式 (4.6) 得出 $b_a(1)-b_a(0)=k(1)-k(0)$。因此,从那时起,$b_a=k$。机构债务等于公共资本,并由资本收入和中央政府转移支付全额支持。

因此,人们可以把重点放在中央政府债务和基本收支余额上。如果一项公共投资的财务收益率很低,中央政府向该机构的转移支付就必须很高,否则中央政府的基本收支余额就会较低,这可能会影响债务可持续性。简而言之,公共投资通常会影响债务可持续性。

请注意,在这种安排下(至少出于发行债务的目的),政府没有动机将 c_g 的分量归为投资(例如,教师的工资)。由于它们不会产生直接的财务收益,将它们转移给机构只会增加中央预算所需的转移支付,而不会改变中央政府的债务动态。

欧盟预算规则的改革

新冠疫情危机导致欧盟预算规则暂停执行,这些规则可能会在恢复之前进行改革。磋商仍在继续,尚未做出任何决策,似乎正在形成一种政治共识(或至少是一些政治上的支持),即保持现有规则,或至少保持《马斯特里赫特条约》规定的 3% 的赤字率和 60% 的债务率约束,但同时允许制定绿色投资预算,按照欧盟在 2021 年推出的"下一代欧盟"一揽子计划的方式,该计划部分在成员国层面实施,部分在欧盟层面实施,并通过债务融资。

这将改进现有规则,可能会平衡一些人希望回归规则和另一些人希望为公共投资融资的愿望,但这远非最好的改革。

鉴于官方赤字等于基本赤字加上支付的名义利息，可以将官方赤字的 3% 限制 $s-ib(-1) \geqslant -3\%$ 改写为 $s \geqslant ib(-1)-3\%$。将此与我们在第三节中讨论的规则进行比较，该规则可以写成 $s \geqslant (r-g)b(-1)$ [简单起见，忽略 $(1+g)$ 项]，或使用实际利率、名义利率和通胀率 $r=i-\pi$ 的恒等式，写成 $s \geqslant ib(-1)-(g+\pi)b(-1)$。这两种规则的区别在于，前者的固定赤字率为 3%，而后者的赤字率等于名义增长率 $g+\pi$ 乘债务 $b(-1)$。因此，我们可以认为 3% 的规则是更优规则的原始和基础版本，但这也许更容易解释。

60% 的债务率目标是非常武断的。对几乎所有欧盟成员国来说，债务增加使它们短期内无法实现这一目标。本章的分析表明，债务并非一旦超过某个阈值就会变得不可持续，不存在一个普遍适用的阈值，与阈值相关的债务水平取决于许多因素，尤其是债务的实际利率。因此，要求既保持目标又保持实现目标所需的调整速度（实际债务率与 60% 之间差距的 1/20）将是重大错误。因此，虽然 60% 这一债务率可能仍是一个象征性和遥远的目标，但在实现这一目标的过程中，债务削减的权重应该非常小。

最后，虽然公共投资确实应该是一个高度优先事项，但允许所有投资自动通过债务提供资金是不明智的。正如本节所讨论的，即使这种投资具有很高的社会收益，但对政府而言缺乏财务收益也意味着，从债务可持续性的角度来看，公务员的工资和公共投资之间无差别。两者都可能威胁到债务可持续性，而公共投资通过债务融资也不应被视为理所当然。此外，这种债务通行论可能会导致政府对投资的定义过于宽泛，或者导致各国就过于有限的合格项目清单达成一致——例如，不包括抗击流行病、改善公共医疗或改善教育等措施。

五、多重均衡与中央银行的作用

到目前为止，（在第三章和本章对随机债务可持续性分析的描述中）我一直假设利率反映了基本面——即储蓄/投资和风险/流动性。我忽略的是，均衡可能不是唯一的，除了我所关注的均衡——称之为"好的"均衡，还有"坏的"均衡——基本面相同，但利率更高。

这个论点很熟悉：如果政府债务被视为是安全的，政府就可以以安全利率借款，在这种情况下，其债务被认为是可持续的。然而，如果投资者开始担心违约风险——或者担心其他投资者担心有违约风险，然后开始要求提高持有债务的风险溢价，那么利率上升和债务动态恶化很可能会增加违约的可能性，潜在地引发他们所担心的结果。[1]

从理论上讲，坏的均衡可以在基本面没有任何改变的情况下发生（因此通常被称为"太阳黑子均衡"）。在现实中，它可能涉及基本面的轻微恶化，从而导致好的均衡的恶化，进而从好的均衡转向坏的均衡，以及利率的大幅上升。

如此大幅度的利率上升不仅仅是理论上的担忧。历史上新兴市场充满了"骤停"的例子，在这种情况下，投资者对一些有关基本面的消息做出反应，试图集体离开市场，导致利率大幅上升，在某些情况下甚至会引发债务违约。然而，正如欧元危机期间所

---

[1] Lorenzoni and Werning（2019）对这种债务危机进行了形式化的描述，并分析了它们对债务水平和债务期限的依赖。

表明的那样，这种骤停也可能发生在发达经济体。

这已被用作从当前水平减少债务的依据：债务减少意味着给定利率提高对债务动态的不利影响较小。如果债务率足够低，那么，即使投资者担心并要求更高的风险溢价，可能也不足以使债务不可持续并证明投资者的担忧是合理的。因此，可能不存在坏的均衡（至少在理性预期假设下不存在坏的均衡）。

现在的问题是：债务率多低才算足够低？根据正在进行的研究（Blanchard，Kister，and Huertas，2021），结论是：非常低。结果背后的基础代数运算在"多重均衡和债务的安全水平"专栏中给出，推导出债务率的上限，使得在一期和多期框架中都不可能存在坏的均衡。然而，直觉是很容易产生的。如果投资者感到担忧，并预期未来的投资者也会有类似担忧，那么利率持续上升很容易导致最终爆发债务危机。在下面的例子中（诚然，这个例子太粗糙了，甚至不能作为参照，但它显示了结果背后的逻辑），如果在低利率均衡（好的均衡）下保持债务稳定的债务率是100%，在违约情况下减记30%，那么低至7%的债务率可能会出现坏的均衡。

多重均衡和债务的安全水平

假设如果下一期的债务 $b(+1)$ 超过某个水平 b^*，政府就会违约，使债务减记 x，$x>0$。

设 p 为违约概率。用 R 表示现在可能是高风险债务的票面利率。债务的预期收益可由下式得出：

$$(1-p)(1+R)+p(1+R)(1-x)$$

假设投资者是风险中性的,且安全利率等于 r。投资者将要求规定一个票面利率 R,使:

$$(1+r)=(1-p)(1+R)+p(1+R)(1-x)$$

求解 R 得到:

$$(1+R)=\frac{1+r}{1-px}, 意味着可扩展至 (1+r)\frac{px}{1-px}$$

简单起见,忽略增长,则 g=0,由下式得出债务动态:

$$b(+1)=\frac{1+r}{1-px}b-s(+1) \quad (4.8)$$

忽略 s 的不确定性,则 s(+1) 等于某个常数 s,从而忽略了 b(+1) 的内在不确定性(我们只关注均衡的多重性)。

均衡由两个方程表征:上面的式 (4.8) 将 b(+1) 表示为 p 的函数,将 p 表示为 b(+1) 和 b* 的函数,如下所示:

$$若 b(+1) \leqslant b* 则 P=0, 若 b(+1) > b* 则 P=1 \quad (4.9)$$

两个方程如图 4.3 所示,纵轴为 b(+1),横轴为 p。

图 4.3 多重均衡的范围

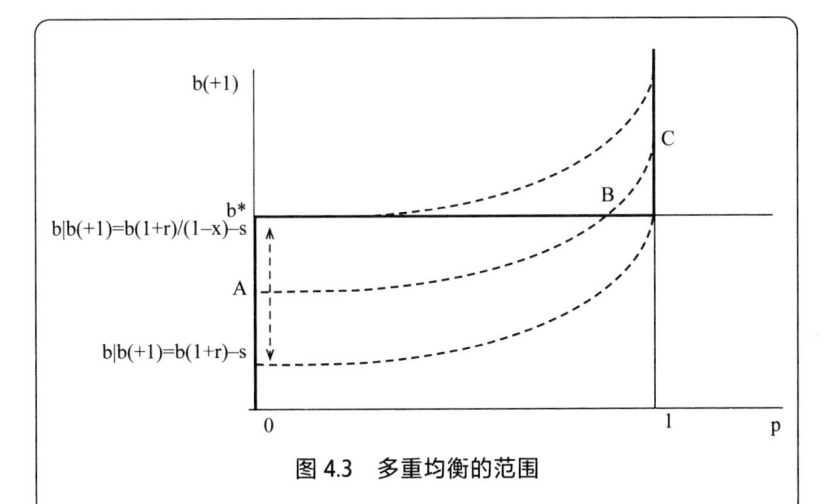

$b(+1)$ 是 p 的递增凸函数，当 $p=0$ 时，$b(+1)$ 的值为 $(1+r)b-s$。当 $p=1$ 时，$b(+1)$ 的值为 $((1+r)/(1-x))b-s$。

p 是 $b(+1)$ 的阶跃函数，当 $b(+1) \leqslant b^*$ 时 P 等于 0，当 $b(+1) > b^*$ 时 P 等于 1。

根据当前的债务价值 b，有一个均衡或三个（理性预期）均衡。

如果 $b \leqslant (b^*+s)(1-x)/(1+r)$，如图中下面虚线所示，唯一的均衡是 $p=0$。即使投资者预期肯定会违约，并要求较大的利差，下一期的债务仍然小于 b^*，因此 $p=1$ 不是（理性预期）均衡。

如果 $b > (b^*+s)/(1+r)$，如上面虚线所示，唯一的均衡是 $p=1$。即使投资者预期没有违约，下一期的债务仍然会超过 b^*，因此 $p=0$ 也不是一个均衡。

如果 b（当前的债务）介于这两个值之间，则有三个均衡：图 4.3 中的 A、B 和 C。基于稳定性，B 及其相关概率 p_B 可被排除在外（如果投资者假设 p 值接近 p_B 值，并计算其隐含的新概率，他们将从 B

第四章 债务可持续性 107

转向 A 或 C)，则留下两个均衡，A 和 C。

假设我们取 $b^*=1$，$r=s=3\%$，那么今天没有违约的最高债务价值为 $\hat{b}=(b^*+s)(1-x)/(1+r)=1-x$。如果减记 x 为 30%，则多重均衡的债务价值范围是从 0.7 到 1。

然而，这个一期的例子过于乐观了。我们转向一个多期模型。如果下一期的投资者假设，如果接下来一期的债务超过 b^*，就会出现违约，则下一期债务超过 $\hat{b}$ 就会出现违约。那么，回到当前期，$\hat{b}$ 变成了新的 b^*，临界值高于此就会出现违约。往后更多期，临界值会逐渐减小，直到 $\hat{b}$ 和 b^* 相等，且满足以下条件：

$$b^* = (b^*+s)(1-x)/(1+r)$$

或得出：

$$b^* = (1-x)s/(r+x)$$

使用上述值得到 $b^*=0.7\times3\%/(33\%)=0.07$，这个值非常低，提供了非常大的多重平衡范围——从 0.07 到 1.00。

布兰查德等人 (Blanchard, Kister, and Huertas, 2021) 给出了一个更一般化的推导过程，引入了基本面的不确定性并允许 r 为负。

这一结果有一个现实而令人沮丧的启示：短期内将债务率降到这么低的水平是不太可能的。因此，如果从收益和成本的角度看，这无法成为实行财政紧缩的动机，因为在今后 10 年里可以实现的实际债务减少并不能消除风险。①

这就提出了下一个问题：央行能否消除坏的均衡？②

思考这个问题的答案，可以从区分以下两种极端情况着手：纯粹的太阳黑子均衡和纯粹的基本面变化。现实通常是两者的结合。

首先考虑纯粹的太阳黑子均衡。假设基本面没有变化，但投资者开始担心，希望在低利率时卖出。如果有一个足够大的投资者愿意采取相反的立场并买入，那么坏的均衡就无法普遍存在。这正是央行可以发挥作用之处。通过宣布随时准备购买投资者希望以与低利率相关的价格出售的债券，并令人信服地表明它有足够的财力购买任何规模需要其购买的债券，央行可以消除坏的均衡。③还记得马里奥·德拉吉在 2012 年夏天发表的那个著名言论吗？当时投资者确实担心一些欧元区成员国的债务问题，以及向坏的均衡的转变，马里奥·德拉吉说："在我们的职责范围内，

---

① 你可以反对。政府减少债务的承诺可能会减少投资者对"黑子"的担忧，从而降低出现坏均衡的可能性。但这远不是一种机械效应，依靠这种效应会非常危险。
② 接下来的内容甚至比本书的其他内容更具试探性。我没有听到反对意见，但我不能绝对肯定我是对的。用通常的说法，考虑到答案的重要性，这是一个"值得进一步研究的富有成果的领域"。
③ 中央银行虽然财力并不雄厚，但通过发行银行准备金为大规模购买提供资金的能力是有的。

欧洲央行会不惜一切代价保护欧元。相信我，这就足够了。"① 确实，这一声明很可能足以从一开始就阻止投资者抛售，因此央行实际可能根本不需要进行干预。一个类似的结论是，如果投资者抛售不是因为他们担心，而是因为他们在其他地方暂时需要资金，例如为了平仓，就像全球金融危机开始时的情况一样，央行可以轻而易举地接手他们的资产，从而限制利率的上升。

现在考虑纯粹的基本面恶化，基本面恶化导致投资者要求风险溢价，从而即使在好的均衡下也要求更高的利率。在这种情况下，即使央行想这样做，它能否降低风险溢价也并不明确。由于这个命题很可能是有争议的，而且它似乎与经验证据相冲突，让我首先以纯粹的形式陈述这个论点。

与私人投资者不同，央行是政府的一部分。当它购买政府债券时，它通过发行央行债券来支付。如今，这些负债通常以银行持有的准备金的形式存于央行，央行为准备金支付利息。因此，在合并后的政府（中央政府和中央银行）资产负债表中，政府的负债构成发生了变化，债券减少了，央行准备金增加了，但总负债规模没有变化。因此，如果投资者担心违约风险，他们的担心没有理由比干预前更少。②

---

① 选自 2012 年 7 月 26 日欧洲央行行长马里奥·德拉吉在伦敦全球投资会议上的讲话。"不惜一切代价"很重要。只宣布承诺购买一定数量的资产可能还不够。投资者可能仍想检验这一承诺，卖出比央行宣布愿意买入的更多的资产。
② 这一论点并不适用于私人购买证券。当风险厌恶程度较低的投资者愿意购买这些证券时，这些证券的利率就会下降。这种情况下，央行扮演的是一个不那么厌恶风险的投资者的角色。它的干预将降低利率，尽管风险的转移可能导致合并后政府资产负债表上的风险增加。

债券利率的变化将取决于投资者如何看待不同类型债务在违约情况下的优先级。例如，如果他们认为央行准备金不容易发生违约，而且实际上更安全，那么导致银行准备金增加的干预将使私人投资者手中剩余的债券风险更大，并将提高而非降低它们的收益率！或者，如果投资者预期央行准备金在未来会停止付息，从而导致不付息的货币供应增加，那么投资者可能预计未来通胀率将会上升，因此要求提高名义债券利率。或者，如果他们出于期限匹配或其他原因（所谓的债券持有的期限偏好理论）持有某一期限的债券，而央行对该特定市场进行干预，这些债券的利率确实可能会下降，但不同期限债券的利率将会上升。[①] 简而言之，在这种情况下，央行干预是否会降低利率（或阻止利率上升）并不明确。

然而，从理论论点到现实，有证据表明，央行的干预措施总体上缩小了利差。以欧洲央行在新冠疫情危机期间的干预为例。图 4.4 显示了自 2020 年年初以来意大利和德国 10 年期国债利差的演变情况。随着新冠疫情危机的发展，以往对意大利债务问题的担忧重新浮出水面，导致意大利与德国的国债利差在 2 月至 6 月扩大了约 80 个基点。2020 年 3 月，欧洲央行宣布了一项高达 7500 亿欧元的债券购买计划（紧急抗疫购债计划，简称 PEPP），并于 6 月扩大至 1.3 万亿欧元，开始购买意大利（和其他）政府债券，以稳定和降低利率。到 5 月初，尽管新冠疫情危机严重，

[①] 关于期限偏好的重要性和特定投资者对特定期限的偏好的证据，参见 Krishnamurthy and Vissing-Jorgensen（2012）。

但利差确实有所下降，到 2020 年夏末恢复到新冠疫情前的水平。

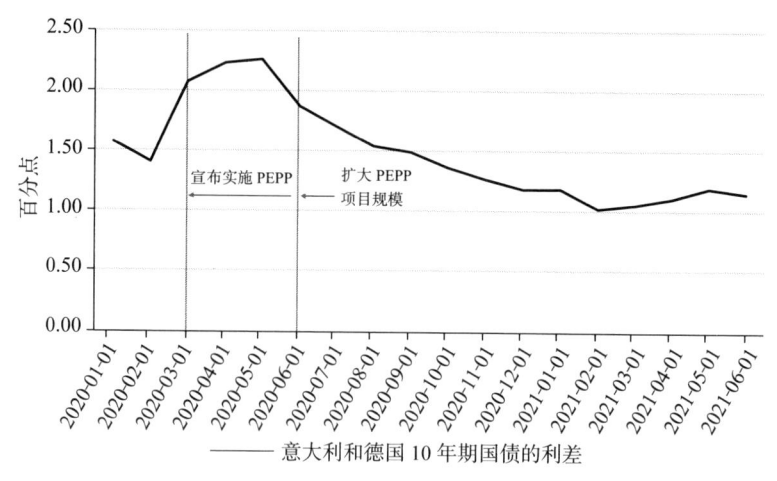

图 4.4　自 2020 年年初以来，意大利和德国 10 年期国债利差的演变

资料来源：圣路易斯联邦储备银行研究部负责维护的经济数据库：Fred.stlouisfed.org。

根据上述理论讨论，欧洲央行为什么会成功？可能有三个原因，第三个原因是针对欧洲央行而不是各国央行的。

- 第一，利率上升可能有很大的太阳黑子均衡因素，投资者的担忧超过了基本面恶化程度。公平地说，2020 年 7 月通过的欧盟复苏计划改善了意大利的基本面，但在此之前利差已经缩小。
- 第二，投资者可能将欧洲央行的干预承诺视为与成员国政府的交换条件，后者承诺采取措施确保债务可持续性。
- 第三，欧洲央行不仅仅是一个国家的央行。在某种程度上，相对于每个成员国对欧洲央行的贡献，它购买了更多意大利国债——它确实这样做了，它将意大利债务的一些风险转移给了其他欧元区成员国。①

总的来说，我认为这次讨论是一个警示，即如果基本面的变化使债务可持续性受到质疑，央行是否有能力维持低利率。

六、中央银行、救助和减记

关于央行、财政政策和债务可持续性之间的相互作用，还有另外两个问题，我发现对这些问题的讨论往往既激烈又令人困惑。第一个问题是，央行是否通过量化宽松政策将债务货币化，来为政府纾困。第二个问题是，央行是否应该减记所持有的政府债券，以扩大财政空间。这两个问题的答案明显都是否。

（一）债务货币化和救助

在这个关键时刻，中央银行是否正在通过将债务货币化来为政府纾困，这是否预示着严重通胀即将到来？

从某种意义上说，央行一直在将部分债务货币化。这是公开市场操作为降低利率一直在做的事情。然而，令人担忧的是，央

---

① 实际上，这种风险转移的范围非常有限。根据紧急抗疫购债计划的规定，政府债券由各国央行购买和持有，而不是由欧洲央行自己持有，而且如果发生违约，各国央行之间不会分担风险。因此，只有在投资者预计这些规则不会得到执行的情况下，风险才会在各国之间重新分配。

行这样操作的规模与过去完全不同，实际上很大程度上是在为巨额财政赤字提供融资。例如，自 2020 年年初以来，美国联邦政府的累计赤字约为 5.9 万亿美元，[①] 美联储购买了 3.4 万亿美元的政府债券，相当于赤字的 57%。[②]

然而，在当前语境中，"货币化"一词并不恰当。央行通常所做的是用付息的央行准备金取代付息的债券，这与过去货币不付息的情况大不相同。大规模购买债券对未来的通胀没有明显的影响。

让我来逐步解释下。

首先，我想反驳一个反对债务货币化的错误观点。央行不会购买新发行的债券，它们是在二级市场上购买债券。因此，在某种形式上，它们并不直接向政府提供资金。然而，这并没有本质上的区别。一级市场和二级市场密切相关，向央行出售现有债券的投资者可用所得资金购买新发行的债券，并保持其投资组合大致不变。这几乎等同于央行直接购买了新发行的债券。[③]

另一个反对债务货币化观点的理由是缺乏意图，我对这个理由也不认同。在金融危机或新冠疫情危机期间，各国央行并不认为自己是在为各自的政府直接融资。它们一直认为自己是在努力

[①] 赤字数据截至 2021 年年底。"联邦盈余或赤字"，美国联邦储备银行经济数据，圣路易斯联邦储备银行，https://fred.stlouisfed.org/series/MTSDS133FMS。

[②] 截至 2021 年年底的数据。"资产：直接持有的证券：美国国债"，美国联邦储备银行经济数据，圣路易斯联邦储备银行，https://fred.stlouisfed.org/series/TREAST。

[③] 如果央行以低于市场利率的价格购买新发行的债券，结论将会不同。但事实并非如此。

将所有期限的利率保持在低位，以反映出如果它们能实现很低的中性利率，收益率曲线会是什么样子。如果没有政府赤字，但私人需求非常疲软，它们也会这么做。这是事实，但如果最终的结果是它们购买了大量政府债券，那么意图本身就无关紧要了。然而，猜测未来可能会发生什么很重要（详见下文）。

相关论点基于央行为购买债券而发行的债务的性质。如果这些负债是不付息的货币，无论是不付息的准备金还是通货，都将导致不付息的货币存量大幅增加，如果这种增加后来没有消除，就有可能在未来造成高通胀（恶性通胀总是这样开始的）。然而，央行发行的是付息的央行准备金。在某种程度上，对这些准备金支付的利息与它们所取代的债券的利息大致相同，因此对政府整体的付息规模影响非常小。各国政府并没有得到央行的救助。正如我前面所讨论的，央行的干预并没有减少政府的总负债，只是改变了负债的构成，而且它不会自动导致通胀上升：它会增加央行资产负债表的规模，但不会增加不付息货币存量的规模。换句话说，我们可以把现代央行的行为分为两种。第一种，也是传统的一种，是针对政府债券或私人资产发行零利率货币。第二种是中介行为，购买公共和私人资产，并发行付息的央行准备金。第二种行为类似于其他金融中介机构的行为，对通胀没有直接影响。

鉴于目前债券和准备金的利率都非常接近零，央行准备金支付利息的论点在此处似乎是无关紧要的：不付息的货币和付息的货币之间有什么区别？事实上，重要的是，当中性利率上升，而央行因此需提高实际利率时，会发生什么。

第四章 债务可持续性

一种可能性是，鉴于债务水平高企，即使中性利率上升，各国政府也会向央行施压，要求其不要提高利率和偿债负担（央行的任务意味着它们会在中性利率上升时提高实际利率），这种结果被称为财政主导。这确实是一个潜在的困扰，但压力将取决于政府的总体债务水平（这是决定向外部投资者支付利息的因素，正如我们所见，它不受央行购买计划的影响），而不取决于央行资产负债表的规模。

另一种可能性是，央行本身不愿加息。虽然利率上升会增加支出（支付给银行的准备金利息）和收入（政府债券的利息），但也意味着长期债券的资本损失，并可能导致央行的资产负债表为负。从经济学的观点来看，负的资产负债表对央行来说不是问题。① 这里更是如此，因为央行在其持有的政府债券上遭受的资本损失，将完全对应于政府在这些债券上的资本收益，因而合并后的资产负债表不受影响。但这可能是一个政治问题，并导致央行的独立性下降。这当然是各国央行担心的问题。②

总而言之，央行不是在救助政府。风险在于，高负债会导致财政主导，或持有长期债券形成的庞大资产负债表会导致央行将利率维持在过低水平。但我认为风险很小。发达经济体的央行表现出的独立性，如美联储和英国央行在2016年至2018年加息的证据就很令人安心。以欧洲央行为例，它不是面对一个财政当局，而是面对财政政策和债务态度各异的19个国家，这一事实使得

---

① 一家只会"用直升机撒钱"的银行将只有负债而没有资产，这不会成为一个问题。
② 美联储通过持有债券直至到期而不按市场价格计价，完全避免了这个问题。

央行遭遇财政主导的可能性极小。

（二）央行应该减记政府债券吗？

随着债务水平上升，一些人认为，央行应该直接减记所持有的政府债券，给政府更大的财政空间。[①] 我之前曾说过，还有很多剩余的财政空间，因此目前没有必要进行任何形式的减记；但撇开这一论点不谈，这种特殊的减记也无法实现其支持者所相信的结果。

其主张是，减记央行持有的债券将减少利息支付，从而减少政府的偿债负担。事实也确实如此。但它会产生另一种影响，即减少央行的收入，从而减少央行上缴给政府的利润。第二种影响的大小与第一种完全相同，因而对政府预算约束的净影响将等于零。

另一种得出相同结论的方式是从私人投资者的角度来看待这种运作。在他们看来，这只是政府和央行之间的债权交换。央行放弃对政府的索取权，政府放弃对央行利润的索取权。这对私人投资者没有任何影响。（一些支持者认为，中央政府官方债务的减少——这确实会发生——会让投资者和评级机构认为是一种改善，从而增加财政空间。这显然是假设投资者过于愚蠢。）

虽然减记没有直接影响，但可能会产生不利的政治影响。作为一个信号，它可能会导致投资者质疑央行的独立性。考虑到大

[①] 这一主张在法国尤其突出。请参阅 2021 年 2 月 100 位经济学家的声明（法语）https://economix.fr/uploads/source/media/LeMondeAnnulationtribune.pdf。

多数央行资产负债表的规模，减记对政府的债权很可能导致央行的资产负债表为负。正如我之前讨论的，虽然这与经济无关，但它可能会使央行更难保持相对于政府的独立性，从而导致财政主导的可能性更大。这是要避免的。

最后再说一下欧洲央行（因为这是法国相关讨论发生的背景）。由于欧洲央行不是一个国家银行，减记一个成员国的政府债券确实会改善该国的财政状况。原因是，考虑到欧洲央行的利润是在所有成员国之间分配的（按其出资比例），被减记债务的国家的利润减少将远远小于其债务的减少。实际上，减记债务将导致所有成员国向有问题的国家转移支付资金。然而，这表明了这种观点的局限性：其他成员国几乎不可能同意这种做法。如果所有成员国的债务都以同样的比例被减记，那么得到的结果是：欧洲央行持有的政府债权的减少将被欧洲央行返还给成员国的利润减少所抵消。

七、结论

我在第三章中指出，($r-g$) 很可能（虽然不是确定）在很长一段时间内基本保持负值。本章的主题是，它使债务动态变得更加良性。然而，因为内生性和财政政策对中性利率的影响，以及不确定性，特别是与 r 有关的不确定性，这并没有使债务可持续性问题消失。

我在本章指出，评估债务可持续性的最佳方法是使用随机债务可持续性分析，这是一种考虑每个国家每年具体情况的方法。考虑到评估的复杂性，我怀疑人们是否可以依赖定量规则。然而，如果使用这样的规则，我建议它们要求基于偿债负担而非基于债务本身调整基本收支余额，定义为$((r-g)/(1+g))b(-1)$。不过，它无法避免例外情况，比如当央行受到有效利率下限约束时，有必要允许更大的基本赤字。

我讨论了骤停以及央行限制政府债券利差的能力。我认为，它们能否做到这一点在很大程度上取决于利差的性质，以及它们反映的是基本面因素还是非基本面因素。我认为，发生坏的均衡的可能性只受到债务水平的轻微影响，但可以通过使基本收支平衡对偿债负担增加做出响应的或有规则来降低发生坏均衡的可能性。

第五章

债务和赤字的福利成本与收益

本章从一个看似抽象且略显深奥的话题开始,这个话题实际上是财政政策讨论的核心——在确定性和不确定性下,债务对福利的影响。

第一节考察确定性下债务的福利成本。人们普遍认为公共债务是不好的,就像在"抵押未来"。公共债务增加其实可能是件好事,且能增加福利(就其本身而言,忽略其融资抵押物),这种观点似乎有悖直觉。所以,本节在确定性假设下对此问题进行了分析。结论是,债务确实可能是好的,在确定性假设下,条件恰好是$(r-g)<0$。该结论的得出包含两个著名的步骤:一是1961年费尔普斯提出的资本积累黄金律表明,如果$(r-g)<0$,那么较少的资本积累会增加福利;二是1965年戴蒙德提出的代际交叠模型表明,如果$(r-g)<0$,那么,通过减少资本积累,发行债务确实增加了当代人和子孙后代的福利。这些显然是重要而有趣的结论。然而,它们只是一个起点。

主要的问题还是不确定性,这个问题在第二节进行了讨论。在确定性假设下只有一种利率,因此 r 和 g 之间的比较很简单。但现实中有很多种利率,它们反映了不同的风险特征。当前,安全利率确实低于增长率。但是,资本的平均边际产出(就我们所能衡量的而言)远远高于增长率。那么哪种利率重要呢?这方面的研究还在进行中,但最近的一些文献让我们对这个问题有了更好的了解。例如,戴蒙德模型将有限的生命视为高储蓄和超额资本积累的潜在来源,相关的利率通常是两者的结合,尽管安全利率起着主要作用。从数据来看,相关利率和增长率非常接近,因此很难凭经验确定我们实际上处于黄金律的哪一边。例如,在其他模型中,如果因为没有保险,人们的预防性储蓄较高,导致资本过度积累,那么仍是安全利率发挥主要作用;然而,在这种情况下,尽管债务可能会有所帮助,但是由于社保可以解决导致低利率的源头性问题,社保,而不是债务,才是消除资本过度积累的主要方法。总的来说,据我们所知,一个谨慎的结论是,在当前背景下,公共债务可能不好,但也不太可能太差,也就是说不会有很大的福利成本,而且负的($r-g$)绝对值越大,福利成本越低。

第三节从成本转向收益。债务和赤字的主要潜在好处来自财政政策在宏观稳定中的作用。例如,如果货币政策受到有效利率下限的约束,这就是一个核心问题。我回顾了我们所知道的债务、支出和税收(以及隐含的赤字)在影响总需求方面的作用:债务增加影响财富,从而影响消费需求。政府支出增加直接影响总需求，减税则是通过影响消费和投资来影响总需求。财政政策乘数（即政府支出和税收对产出的影响）一直是备受争议的议题，也是近期许多实证研究的主题。这一节讨论我们所知的内容。基本结论是，财政政策乘数具有预期的符号，财政政策确实可以用来影响总需求。

第四节将债务与赤字的福利成本与收益结合在一起，并得出其对财政政策的影响。人们可以想到两种极端的财政政策方法。第一种可称为纯公共财政，专注于债务和赤字的作用，忽略财政政策对需求和产出的影响。例如，它隐含假设货币政策可以在财政政策变化的情况下将产出维持于潜在水平。如果采取这种方法的财政当局得出债务过高的结论，那么财政政策就应该把重点放在债务削减上。第二种叫作纯功能财政（阿巴·勒纳1943年首次使用的名称），侧重于财政政策在将实际产出维持于潜在产出水平方面的潜在作用，如果货币政策受到有效利率下限的约束，这种情况就可能出现。我认为，正确的财政政策是这两种方法的结合，每一种方法的权重取决于中性利率的水平。中性利率越低，债务的财政成本和福利成本越低，央行货币政策的操作空间越小。这时，我们应该更多地运用纯功能财政方法，利用赤字来维持需求，即使这会导致债务增加。中性利率越高，债务的财政成本和福利成本越高，央行货币政策的操作空间越大。这时应该更多地运用纯公共财政，如果确实认为债务过高，应侧重于债务削减。这一节最后还讨论了一些相关问题，如通胀目标制的作用，以及在经济长期停滞的情况下，除了赤字，还有哪些替代方案可以增加需求。

一、确定性下的债务与福利

1961年,埃德蒙·费尔普斯提出如下观点:市场经济可能会积累过多资本。这种过度积累反映在一个简单的不等式中,即$(r-g)<0$,其中r是资本的净边际产出(由于费尔普斯的观点基于一个不存在不确定性的模型,因此r也是安全利率)。如果这个条件成立,资本的减少实际上提高了福利。①

要理解他的观点,就要回到国民收入恒等式上来。(一般来说,我们必须纳入政府支出,且在开放经济中要纳入出口减去进口,但如果我们暂时忽略它们,论证就会更简单。)产出等于消费加投资,或者消费等于产出减去投资:

$$C=Y-I \qquad (5.1)$$

假设产出等于潜在产出,潜在产出由生产函数$F(K,.)$得出,式中点表示从劳动到技术水平指数的其他生产要素。

假设经济处于平衡增长路径上,那么C、Y、I都以一定的速率g增长。假设资本以速率δ折旧,那么为了使资本以速率g增长,投资必须同时覆盖折旧和资本存量的增长:

---

① 这一节和下一节都基于增长理论,首先在确定性的情况下,然后在不确定性的情况下。增长理论可以非常复杂,但这里不对其进行阐述。我试图用最少的计算给出直觉上的基本结果,并依靠脚注和几个专栏来深入分析。对于那些熟知增长理论的人,如果我用所有变量除以有效劳动单位,那么所有变量在稳态下都是恒定的,这个演示将更加严谨。我发现,如果不讨论生产函数的具体设定和技术进步的形式,就很难解释。

$$I=(\delta+g)K$$

替换式（5.1）中的项，得到：

$$C=F(K,.)-(\delta+g)K \qquad (5.2)$$

则追加资本对消费的影响为：

$$dC/dK=F_K(K,.)-(\delta+g)=(F_K(K,.)-\delta)-g$$

假设利率等于资本的净边际产出，$r \equiv F_K(K,.)-\delta$，则上式变为：

$$dC/dK=r-g$$

在增长路径上任意一点资本与消费的关系如图5.1所示。在$(r-g)=0$之前，消费是资本的递增函数。这个资本水平被称为资本的黄金律水平。当资本水平高于黄金律水平时，$(r-g)$变为负值，消费成为资本的递减函数。直觉是，随着资本存量增加，折旧（需要被置换）随资本线性增加，但资本的总边际产出增速较慢，因此资本的净边际产出变为负值。尽管产出增加了，但由于必须留出大量资金用于投资，剩下用于消费的资金反而减少了。

假设经济处于黄金律的右边，那么$(r-g)<0$，我们今天

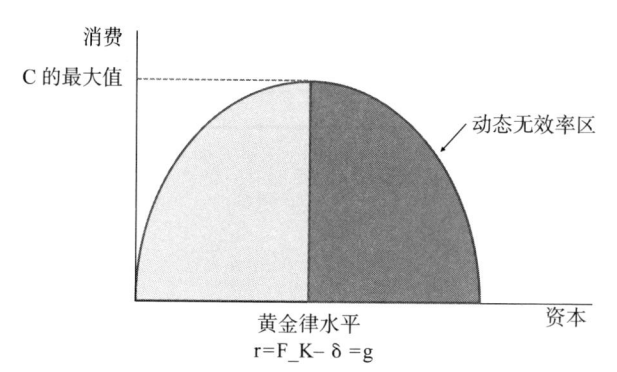

图 5.1 消费是资本、黄金律和动态无效率的函数

减少了资本，导致更多的产出留给消费。① 只要这个不等式成立，② 就会导致今天和未来的消费增加。用费尔普斯的术语来说，经济是动态无效率的：当代人和后代的状况都可以得到改善。

真的会有资本过度积累吗？为什么公共债务在这种情况下会有用？

戴蒙德（1965）用我们在第四章中讨论储蓄和人口因素时使用的两期交叠模型，给出了答案：即使人们完全理性并采取个人最优储蓄决策，也确实可能存在资本过度积累。如果是这样的话，在不考虑分配效应的情况下，任何减少储蓄的行为都可以增加当下和未来每个人的消费和福利。代际转移或公共债务可以发挥这一作用。论证如下。

假设人们生活两个时期，在第一个时期工作，在第二个时期

---

① 可以不替换部分已折旧的资本。
② 随着资本的减少，资本的边际产出增加，利率也会提高。对于足够大的资本减少，r 大于 g，不等式改变符号。

退休。他们在第一个时期获得工资，通过资本投资进行储蓄（因此没有单独的储蓄/投资决策），并在第二个时期消费资本和资本收益。因此，年轻人的储蓄决定了下一时期经济的资本存量。

假设经济在其平衡增长路径上增长，所有总变量的增长率为 g，等于人口增长率 n（或者等价地，假设就业与人口的比率固定，则为就业增长率）和生产率增长率 x 的总和。①

年轻人的储蓄率决定了经济增长路径上的资本水平。该模型产生的第一个结果是，虽然个人的储蓄决策是理性的，但不能保证这些决策意味着 $r=(F_K-\delta)>g$：$(r-g)$ 可以为负，并且确实可能存在资本过度积累。换句话说，拥有理性个体的市场经济可能处于黄金律的错误一边，因此是动态无效率的。

第二个结果是，如果是这样的话，资金从年轻人向老年人的转移可以增加当前和未来所有世代的福利。

- 当年轻人储蓄 1 单位时，他们年老时将得到 $(1+r)$ 单位。现在假设政府实施了一项转移支付计划，在同一时期内，从每个年轻人那里拿走 D，给每个老年人 $(1+n)D$〔因为每个老年人对应 $(1+n)$ 个年轻人〕，D 随时间以 x 的速率增长。可以把它想象成一种现收现付的养老金制度，其中年轻人的缴费用于为老年人提供养老金，人均缴费和养老金

---

① 更准确地说，g 由 $(1+g)=(1+x)(1+n)$ 定义。但是，当 x 和 n 很小时，乘积 xn 非常小，把 g 简单地当作两者之和是一个很好的近似。蒙德原来的模型没有考虑生产率增长，但扩展后的模型对本文而言直接且有用。

随着生产率的提高而增加。

- 年轻时，人们的收入会减少 D。年老时，他们的收入是 $D(+1)(1+n)=D(1+x)(1+n)=D(1+g)$。[这里，$D(+1)$ 是下一时期每个年轻人的个人转移，每个老年人对应 $(1+n)$ 个年轻工人。] 如果 $(r-g)>0$，转移计划带来的收益低于储蓄，从而降低了他们的福利。但如果 $(r-g)<0$，转移计划比储蓄更有吸引力，并且增加了每一代人的福利。在这种情况下，现收现付的养老金制度可以让所有人的状况得到改善。

同样，债务也会以一种略微不同的方式产生代际转移。假定每个时期政府发行一期债务，且债务发行增速为 g。购买债务的年轻人在年老时得到 $D(1+r)$，而且是资本投资还是购买债务是无差别的，因为二者的回报率都是 r。下一期发行的债务等于 $D(+1)=D(1+g)$。因此，在每一期，政府获得发行债务 $D(1+g)$ 和偿还债务 $D(1+r)$ 之间的差额。如果 $r<g$，这个差额 $D(g-r)$ 为正，可以重新分配给年轻人和老年人，让他们的状况得到改善。

无论是现收现付还是发行债务，这两种方案都有其局限性。因为债务减少了资本积累，具有一般均衡效应。工资减少，资本边际产出增加，导致利率上升。当利率等于增长率时，经济就处于黄金律水平。进一步增加债务会导致 $(r-g)>0$，使得举债不再能提高每代人的福利。初期的老人获利了，但别人受损了。因此，政府必须在当前老年人（从债务中受益）与未来几代

低利率时代的财政政策

人（因债务而面临消费减少和损失）之间进行权衡。但在达到这个阈值之前，公共债务可以改善所有人的福利。

这些都是重要而有趣的结果，而且可能对许多读者来说有悖于直觉，直到最近，这些结果被视为出乎意料和奇特的。发达经济体真的积累了太多资本吗？公共债务真的对社会福利有利吗？但现在 r 比 g 低得多的事实迫使我们更认真地对待这些问题。为了给出一个完整的答案，我们必须看看这种分析在不确定性下是如何展开的。

二、不确定性下的债务与福利

与第一节的假设相反，我们生活在一个不确定的世界中，有多种利率和收益率，从政府债券利率到股本收益率等等。

我们在第四章讨论了债务可持续性，讨论中提到的利率是政府能够借款的利率，因此在大多数发达经济体中其实就是安全利率或接近安全利率。然而，第一节中关于福利的讨论表明，重要的是扣除折旧后的资本边际产出。而且，平均资本产出率似乎大大高于平均增长率。

图 5.2 显示了 1992—2020 年用两种方法衡量的美国资本收益率的变化。两种方法的分子项都使用了相同的收益衡量标准——美国非金融公司的税前收益。[①] 虚线表示以重置成本衡量的收益与股本的比率。实线表示以市值衡量的收益与股本的比

---

① 我们关心的是资本收益率，而非税后收益率。

图 5.2 资本收益率

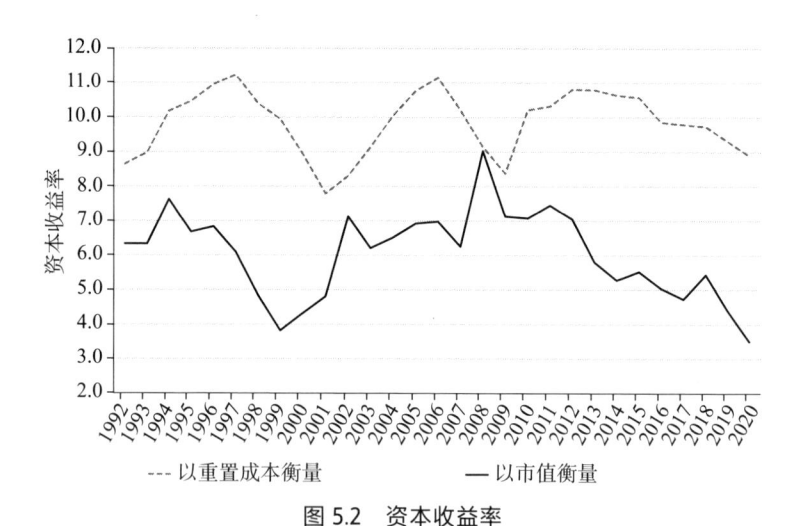

资料来源：Blanchard（2019b）中图 15，数据截至 2020 年。

率。哪一个能更好地代表资本的边际产出并不显而易见：如果没有租金，那么收益与重置成本之比自然是衡量标准。但一些公司的收益代表租金，而这些租金的价值可能是资本的市值超过其重置成本的原因，在这种情况下，似乎使用市值的收益与资本之比更合适。①

---

① 古铁雷斯和菲利蓬（Gutierrez and Philippon, 2017）讨论了在美国租金的重要性（以及随时间推移愈加重要）。还需要注意的是，市值与重置成本之比被称为"托宾 q 值"，因此该数字意味着 q 在该期间的平均值为 1.25。在此期间，q 始终大于 1 的事实表明，存在的租金相当于资本平均产出的 25% 左右。

关于企业拥有垄断权力时资本边际产出与利润率关系的讨论，参见 Ball and Mankiw（2021）。研究表明，有两种因素在起作用。商品市场上的垄断力量意味着，所有生产要素（包括资本和劳动）得到的报酬都低于其边际产出。因此，对资本的支付低估了资本的边际产出。但垄断力量也会产生租金，从而提高利润率。这两种效应的作用方向相反，因此不清楚利润率是高估了还是低估了资本的边际产出。

法希和古里奥（Farhi and Gourio, 2019）构建并校准了一个模型，以解释安全实际利率的下降、资本收益率的稳定以及其他几个典型事实。他们的结论是，租金上涨和风险溢价上升构成了整体解释的重要部分。

就本书来说，我们不需要在这两种衡量方法之间做出选择：关键是，在任何一种衡量方法下，资本的边际产出都远高于安全实际利率（见图 3.1），更重要的是，远高于增长率。

这就提出了一个显而易见的问题：在评估债务的福利效应时，我们应该选择哪个收益率？

要回答这个问题，再想想戴蒙德模型中的经济，其潜在增长率 g 是恒定的，但资本的边际产出 F_K 有波动，导致资本的边际产出和总产出在增长路径上都有波动。[1]（下面关于转移对福利的影响专栏给出了基本的代数推导过程。）回到我们的转移计划：

- 当年轻人储蓄 1 个单位时，下一期他们会得到（$1+F_K-\delta$）个单位。
- 现在假设政府实施了一项转移计划，从每个年轻人那里拿走 D，给每个老年人（$1+n$）D，D 随着时间的推移以 x 的

---

[1] 基于一个没有金融摩擦的代际交叠模型，我专注于债务对资本积累的"挤出"效应，以及其暗示的对未来产出的"挤出"效应。这样做是因为我认为这是起作用的主要效应。另一个平行研究强调，在存在金融摩擦的情况下，公共债务可能有用。例如，如果消费者面临借贷约束，增加其当前收入同时减少其未来收入（即通过债务而非税收为公共支出融资）可以放松这些借贷约束，增加消费者的福利（Woodford，1990）。如果想要投资的公司需要提供优质抵押品才能借款，那么公共债务就可以发挥这一作用，使它们能够借入更多资金。有关探索这些影响的论文，参见 Holmström and Tirole（1998）或 Farhi and Tirole（2012）。或者，再举一个例子，更多的公共债务也可能增加市场流动性（即债券市场的深度和流动性）。在此不过多探讨这些含义。

速度增长。年轻时，他们的收入减少 D，年老时，他们的收入是 $D(+1)(1+n)=D(1+x)(1+n)=D(1+g)$。

- 我们可以看到，$(F_K-\delta)$ 的平均值似乎远远大于 g，因此看起来好像转移计划(以及公共债务)降低了年轻人的福利。但这是不对的。$(F_K-\delta)$ 有风险，而转移无风险。因此，我们必须调整资本的风险收益率。但经风险调整后的资本收益率恰恰是无风险收益率 r。[1] 因此，应该比较 r 和 g。

这似乎会得出一个惊人的结论：即使在不确定的情况下，债务对福利的影响是否为正，仍取决于无风险利率与产出增长率之间的比较；已知 $(r-g)<0$，公共债务没有福利成本，而且确实有福利收益。[2] 这个结论是惊人的，并且指出了低安全利率所引起的深层次问题，但出于以下原因，这仍然只是第一步。[3]

---

[1] 即使人们实际上无法获得安全债务，就像这里的情况一样，我们也可以问他们持有安全资产所需的利率是多少。在边际分析方面，他们认为持有风险资本还是安全资产是无差异的。

[2] 参见萨默斯(Summers, 1990)早期关于这方面的论述。巴罗(Barro, 2021)给出了这个结论的一个反例，他指出，在一个充满无限长寿且足够厌恶风险的个人的经济中，安全利率可能低于增长率，而经济是动态有效率的。但在这种经济中，安全债务的供给为零，政府与个人相比并无特别优势，不可能永远发行安全债务。

[3] 提示：下一部分有点技术性。它也比本书的其余部分更具试探性。读者可以跳过它，直接看结论：很难确定与增长率进行比较的恰当利率。一个谨慎的结论是，从福利的角度来看，债务可能是不好的，但也不是非常坏。

转移对福利的影响

假设人们有以下效用函数[a]：

$$\max\ (1-\beta)\ U(C_1) + \beta E[U(C_2)]$$

其中，C_1 为年轻时的消费，C_2 为老年时的消费，$E[U(.)]$ 为期望效用。预算约束由下式给出：

$$C_1 = W - D - K$$
$$C_2 = (1 + F_K - \delta) K + (1+n)(1+x) D$$

年轻时，他们领取工资，向政府转移支付 D，并通过资本投资 K 来储蓄。年老时，他们消费他们的投资收益和从政府转移的收入 $D(1+n)(1+x) = D(1+g)$。在第一期，他们选择要存多少钱，即 K。由下式得出关于 K 的一阶条件：

$$-(1-\beta) U'(C_1) + \beta E[(1+F_K-\delta) U'(C_2)] = 0$$

由下式得出转移支付对效用的影响：

$$X = -(1-\beta) U'(C_1) + \beta(1+g) E[U'(C_2)]$$

> 他们在第二期得到的转移支付比在第一期支付的要多，一方面是因为年轻人比老年人多，另一方面是因为生产率提高了，转移支付金额随着生产率的提高而增加。因此，在第二期存在（1+g）项。
>
> 利用一阶条件，X可以写成
>
> $$X=\beta((1+g)E[U'(C_2)]-E[(1+F_K-\delta)U'(C_2)])$$
>
> 无风险利率（在这种情况下，是人们为了持有安全债务而要求的影子利率）满足下列条件：
>
> $$(1+r)EU'(C_2)=E[(1+F_K-\delta)U'(C_2)]$$
>
> 替换上述方程中的项，得到：
>
> $$X=\beta(g-r)E[U'(C_2)],\text{如果}r<g,\text{则}X>0$$
>
> 如果$r<g$，转移支付（或债务增加）的直接影响是增加福利。虽然代数推导过程略有不同，但如果政府发行债务而不是实施转移支付计划，类似的论点也适用。
>
> ———————
>
> a. 这是我之前分析（Blanchard，2019b）的简化版本。

- 这种观点没有考虑公共债务的间接影响。由于债务的发行取代了年轻人投资组合中的资本，资本减少导致劳动收益下降，而资本收益增加，这反过来又影响了福利。这些间接影响比较复杂，但结论是，一般来说，安全利率和平均资本收益率都很重要。①

我曾在柯布-道格拉斯生产函数的假设下推导了一个近似公式（Blanchard，2019b），该公式（进行了调整以考虑潜在增长，我在原文章中忽略了它）给出了公共债务增加福利的条件——$1/2(r+E(F_K-\delta))<g$ [其中$E(.)$现在是无条件期望值]，从而给予安全利率和平均资本边际产出同等的权重。②

按票面价值计算该近似值，并使用-0.5%的安全实际利率（大约是目前10年期指数型债券的实际利率）和5.5%的平均实际资本回报率（大约是1992年以来股票的平均收益率，用收益与市值的比率衡量），得出$1/2(r+E(F_K-\delta))=2.5\%$，接近未来10年2%的预期实际增长率。因此，这一粗略的计算表明，债务通过资本转移对福利的影响可能接近于零。③

---

① 在确定性条件下，戴蒙德的初始模型也存在类似的间接效应，但它们加强了直接效应。这里的情况并非如此。
② 安全利率和平均风险利率的相对权重取决于生产中劳动力和资本之间的替代弹性。如果技术在劳动力和资本中是线性的，工资和边际产出与资本水平无关，则间接效应等于零，恰当的利率就是安全利率。弹性越低，资本平均边际产出的相对权重越大。柯布-道格拉斯假设暗示的单位替代弹性，通常被视为经验上合理的假设。
③ 马丁·黑尔维格（Martin Hellwig，2021）指出，如果$r<g$，通过公共债务和税收政策相结合以抵消对工资和资本收益率的间接影响，将提高福利水平，即上述推导仅考虑直接影响且仅涉及安全利率。这是一个重要的理论结果，但在考虑债务对福利的影响时，它的经验相关性有限，因为这些税收政策并未真正实施。

- 该论点假设安全利率和预期资本收益率之间的差值反映了投资者的理性决策（基于他们的风险厌恶程度和与资本相关的总体风险程度）。然而，对于是否如此，存在着巨大的争议。这个问题被称为股权溢价之谜。[①] 令人困惑的是，鉴于观察到的总收益的有限变化，要解释股权溢价的规模，需要高得令人难以置信的风险厌恶程度。从图 5.2 中可以看到这个谜题的一个版本：1992 年以来，收益与资本的比率（按重置成本或市值衡量）从未低于安全利率。拥有下一期边际产出索取权的投资者每年的收益率将高于持有安全资产的投资者。人们提出了各种解释。罗伯特·巴罗认为，罕见的宏观经济灾难（因此很少观察到）可以解释这一溢价（Barro and Ursua, 2011）。如果是这样的话，可能就没有什么谜题了，只不过是震荡的肥尾分布而已。其他人提出了行为解释，如短视风险规避（Benartzi and Thaler, 1995）；如果是这样，我们就必须看看这些偏好和行为是否符合这个论点（我没有做过这个分析）。

- 鉴于评估股权溢价背后原因的困难程度，亚伯等人（Abel et al., 1989）推导出了一个非常直观的不依赖于股权溢价的动态无效率充分条件：如果每年毛利润超过总投资，意

[①] 标准的参考文献为梅拉和普雷斯科特在 1985 年所写的论文（Mehra and Prescott, 1985）。股权溢价是指安全利率与股票收益率之间的差额，与安全利率和整体资本预期收益率之间的差额直接相关。

味着净现金流为正，那么人们可以确信没有资本过度积累。他们将这一标准应用于六个主要发达经济体并得出结论，在他们所观察的时间段内，每个国家在每年都满足这一条件（美国为1953年，其他国家为1960年）。然而，杰罗夫（Geerolf，2018）重新审视了这一方法，他认为，如果将土地租金和企业家收入从毛利润中剔除，没有一个发达经济体真正满足这一充分条件，因此资本过度积累的问题仍然存在。[①]

- 用于讨论该问题的代际交叠模型不包括金融摩擦。然而，金融摩擦真实存在，个人面临的风险比总体风险要大得多。他们面临着无法完全防范的重大特殊冲击。在这种情况下，预防性行为将导致储蓄增加、安全中性利率下降并可能导致股权溢价上升。这并不是削弱增加公共债务可能提升福利水平的论据，但在这种情况下，公共债务可能不是最好的工具。提供更好的社会保险，从而直接解决保险市场缺失的问题，显然是更好的办法。从宏观角度来看（撇开更多的社会保险本身会改善福利），以"全民医疗保险"为例，即使它是完全资金自给的，也可能是比增加债务更好

[①] 另一篇得出类似结论的论文是 Luo，Kinusaga，and Kajitani（2020）。该论文还得出了一个更为惊人的结论，即中国的利润率低于投资率，因此可能存在资本过度积累的问题。

的办法。这一点和我们之后讨论的实际政策选择相关。[1]

简而言之，($r-g$)<0 是一个强烈的信号，表明经风险调整后的资本收益率相当低，因此使资本存量减少的公共债务的福利成本也很低。下一节将转而讨论潜在的福利收益。

三、财政政策、有效利率下限和稳定产出

即使货币政策不受约束，财政政策也有助于减少产出波动。在产出异常低的情况下，让自动稳定器发挥作用，通过更低的税收和更高的转移支付来刺激需求，确实是长久以来的传统做法。其理由是，在影响需求和产出方面，财政政策比货币政策能更快地起作用。[2] 当名义政策利率处于有效下限时，甚至当名义政策

---

[1] 金融摩擦和针对特殊冲击的保险市场缺失（à la Aiyagari，1994）确实是考虑公共债务作用的代际交叠模型的一个有吸引力的正式化替代和补充。Kocherlakota（2021）表明，在这种模型中，安全利率 r 可以小于 g，如果是这种情况，公共债务确实可以改善福利。另见 Aguiar，Amador，and Arellano（2021）的相关论述。布鲁姆等人（Brumm et al.，2021）给出了另一个类似的例子，他们构建了一个简洁的带有特殊冲击的两期模型，其中最优政策确实是政府提供更好的保险，而不是发行公共债务；但即使在他们的模型中，公共债务（一定程度的增加）也能改善福利。

[2] 在实践中，自动稳定器是税收和转移支付体系的一个意外结果：例如，平均税率上升或更累进的税收和转移支付体系会导致更强的稳定器效应。例如，经济合作与发展组织的一篇论文（Maravalle and Rawdanowicz，2020）显示，产出减少 1% 导致比利时的预算赤字增加（如果该国一开始就有盈余，就是预算盈余减少）GDP 的 0.65%，而韩国仅为 0.38%。也就是说，比利时的自动稳定器的强度是韩国的近两倍。人们普遍认为，这些自动稳定器可以而且应该得到改进（Blanchard and Summers，2020；Boushey，Nunn and Shambaugh，2019）。

利率为正但已经低到货币政策无法抵消重大不利冲击时，使用财政政策的理由就更充分了。

问题是财政政策是否以及如何影响总需求，进而影响产出。[①]

这里必须区分三个渠道的影响：债务本身的影响，税收和转移支付的影响，以及政府支出的影响。对于债务持有人来说，公共债务是他们财富的一部分，因此会影响他们的消费。当前和未来的税收也会影响消费和投资。当前的政府支出直接影响需求。

在本书多次使用的两期代际交叠模型中，有三种效应很明显：年轻人的消费取决于这一期的税收和下一期的预期税收；老年人的消费取决于他们年老时的财富，因此取决于他们所持有的债务，以及他们年老时所缴纳的税款；政府支出直接影响需求。

---

① 在凯恩斯主义或新凯恩斯主义框架下，财政政策影响会更清晰：我认为财政政策影响总需求和产出，由此产生的产出缺口（产出与潜在产出之间的差额）反过来影响通胀。另一种分析债务动态和通胀的方法是所谓的价格水平财政决定论。该理论将价格水平视为资产价格，并使用债务动态方程确定价格水平，使名义债务的实际价值等于基本收支余额的现值。未来较少的基本盈余将导致当前较高的价格和实际债务价值。尽管我与约翰·科克伦（John Cochrane，他写了一本关于这个主题的书）进行了令人兴奋的学术交流，但我仍对该理论的初始假设以及理论本身持怀疑态度。我相信，除了在恶性通胀时期，价格水平的表现并不像资产价格，而是数十亿个主要是后顾性（backword-looking）决策的总和，对未来基本收支余额的预期对今天的价格水平几乎没有影响。只有在通胀非常高的时期，价格水平的变动才会反映人们对当前和未来财政政策的预期。当 $r<g$，未来基本收支余额的现值是无限小的，因此债务不能再被解释为基本盈余的现值。在这种情况下，价格水平的财政决定论可能意味着什么，参见 Cochrane（2022）第 6-4 节中的讨论。

在更现实的模型中，影响更加复杂。①

- 债务本身对持有者来说就是财富，但它可能会被预期的未来税收部分抵消。事实上，在个人寿命无限且具有理性和前瞻性的极端情况下，对于给定的政府支出，任何债务的增加都被预期税收现值的增加完全抵消，因此对消费没有影响，这就是所谓的李嘉图等价定理。但一般来说，由于视野有限或短视，这种抵消可能远远小于一比一。如我们所见，当 $r<g$ 时，债务增加不需要以后增加税收。
- 税收减少本身会增加收入。如果预计税收减少的情况将在未来持续，其影响将更大。相反，如果预计未来情况会逆转，税收增加，那么影响可能会小一些。事实上，同样假设个人寿命无限、理性、有前瞻性，并且假设当前和预期的未来政府支出没有变化，今天税收减少的影响会完全被预期未来增加的税收所抵消，因此它对消费没有影响——这是李嘉图等价定理的另一种表述方式。总的来说，这种抵消可能远小于一比一：许多家庭可能不会考虑未来税收。许多受到流动性约束的人，可能会利用税收减少来增加消费，即使他们认为税收在未来会增加。简而言之，减税可能会增加消费。

---

① 在之前的论文（Blanchard，1985）中，我基于人们的有限视野设立的一个模型构建了一个更普遍的指数，展示了债务、税收和支出分别对总需求和中性利率的作用。

- 政府支出增加本身会机械地增加总需求。然而，在某种程度上，它导致人们预期未来会有更高的税收，那么直接影响可能会被消费的减少部分抵消。同样，我们有充分的理由认为，这种抵消是有限的，政府支出增加会增加总需求。
- 这些只是第一轮效应，它们会触发一般均衡效应。教科书上的例子是凯恩斯乘数，其中所得税减少的初始效应是导致需求增加，需求增加导致产出增加，产出增加导致收入进一步增加，以此类推。同样，这种效应的强度取决于许多因素，如受流动性约束的家庭数量和经济的开放程度。主要因素，也是与此处讨论最相关的因素，是货币政策的立场。如果财政扩张发生在产出已经处于潜在水平的时候，货币政策可能会收紧，导致利率上升，从而导致财政扩张对产出的影响减小，甚至没有影响。如果财政紧缩发生——货币政策受到有效利率下限的约束，就像当前的情况一样，很可能对产出产生更大的负面影响。

讨论清楚地表明，债务、税收和支出的影响在很大程度上取决于预期以及货币政策，而这些因素在不同的空间和时间可能有很大的差异。不存在所谓的"固定乘数"。有趣的是，全球金融危机后发生的财政整顿和欧洲央行对货币政策的限制，导致了雷米（Ramey，2019）所说的对财政政策影响实证研究的复兴。以下是我得出的主要结论。

- 公共债务增加会在多大程度上增加总需求，进而提高中性利率 r^*？（回想一下，中性利率是指总需求等于潜在产出时的利率。因此，总需求越强，中性利率就越高。）这是一个核心问题，因为它决定了在利率升高至 r^*（此时使得 $r>g$）之前，政府可以增加多少债务，从而回到 $r>g$。

然而，出于以下原因，这是一个难以回答的问题。债务的影响被预期未来税收抵消的程度可能因时间和地点而异。例如，我们已经看到，在 $(r-g)<0$ 的环境下，债务增加可能并不意味着未来税收的增加，从而同比例地影响财富。而且，从经验上看，很难检测债务本身对总需求以及对中性利率的间接影响，因为债务变动缓慢，而且许多其他因素在短期内更为重要。关于债务对 r^* 的影响，人们给出了各种估计，有些是基于校准模型，有些是基于回归分析。雷切尔和萨默斯在 2019 年对其进行了总结，债务与 GDP 之比每提高 1%，r^* 上升 2~4 个基点。因此，雷切尔和萨默斯认为，自 20 世纪 90 年代初以来，债务率上升了约 60%，使中性利率上升了 1.2%~2.4%。换句话说，如果公共债务率没有提高，中性利率今天会是更大的负值，比现在再低 1.2%~2.4%。[①] 展望未来，而不是回顾过去，债务的再次

---

① 由于我刚才讨论的原因，必须对这个范围持保留态度。但下面的粗略计算表明，这是合理的。假设财富的边际消费倾向为 4%，由于其被预期的未来税收部分抵消，只有 $α ⩽ 1$ 的债务是净财富。首先假设 $α=1$，这时债务完全是净财富。那么，债务增加 50% 对消费和需求的直接影响将是 2%。假设 $α$ 等于 1/2；那么直接效应就是 1%。如果总需求相对于利率的弹性大致为 1，这意味着中性利率将增加 1%~2%。

低利率时代的财政政策

增加——比如增加 GDP 的 50%——将使 r^* 进一步上升 100~200 个基点，从而大大缩小 r 和 g 之间的差值，尽管可能不会改变其符号。

- 就本书而言，在税收和支出乘数的主题上，我从最近的研究中得出了新的结论。①

基于时间序列方法（通常是结构向量自回归，称为 VARs）和模型模拟（通常是新凯恩斯动态随机一般均衡模型，称为 DSGEs），大多数估算出的乘数有预期的迹象：（可能是外生的）税收增加，产出减少；（可能是外生的）支出减少，产出减少。②

令人惊讶的是，大多数实证研究发现，税收乘数大于支出乘数。在雷米的调查中，支出乘数的范围是 0.6~1.0。③ 然而，税收乘数（绝对值）通常更大，范围是 –5.0 到 –1.0。这是一个令人

---

① 雷米（Ramey，2019）对最近的实证文献进行了很好的总结。虽然政策讨论经常涉及赤字，但在税收和支出的乘数彼此不同的情况下，重要的不仅是赤字的规模，还有赤字的构成，不同的文献用不同的方式定义乘数，因而难以比较。在原始研究的基础上，雷米已经尽了最大努力，用贴现或未贴现的 GDP 变化的总和与财政措施中相应的外生变化总和的比率来计算。

② 并不是所有人都这么认为。例如，罗伯特·巴罗在《华尔街日报》2009 年 1 月 22 日的文章《政府支出不是免费的午餐》中表达了乘数为零和财政政策无用的观点。

③ 由于一部分支出是投资支出，它不仅影响总需求，也影响总供给。因此，它可能会有长期影响。然而，这些影响很难用时间序列方法来检测。

惊讶的数字，因为在教科书上的凯恩斯模型中，情况是相反的：在第一轮中，税收通过消费影响需求，因此小于一比一，而政府支出直接影响需求；这意味着税收乘数应该小于支出乘数；但事实似乎并非如此，无论是由于预期调整的不同、货币政策响应的不同，还是其他原因。

考虑到有效利率下限约束和高债务水平，与当前形势直接相关的是，当货币政策响应更有限时，乘数会变得更大（Leigh et al.，2010）。当债务率上升时，乘数似乎减小了，也许是因为人们更担心未来税收可能会增加，或者债务可能变得不可持续。

总之，财政政策可以在帮助将产出保持在潜在产出水平方面发挥核心作用。债务的增加会增加总需求。降低税收或增加支出也有同样的效果。乘数可能会随着时间和空间的变化而发生很大的变化，但大部分证据表明，乘数显著不为零，其中支出乘数为正，税收乘数为负，且当货币政策没有或不能对财政政策做出反应时，乘数会更大。

四、厘清脉络

实际利率很低，债务率很高。在这种经济环境下，本书迄今提出的论点对制定财政政策有何启示？我把各个部分的答案进行了归纳总结。

我们已经看到，中性利率越低，债务的财政成本就越低。债务动态更加良性；事实上，当 r^* 和隐含的 r 小于 g 时，政府可以在保持债务率不变的情况下维持（部分）基本赤字。

中性利率越低，债务的福利成本就越低。对于足够低的中性利率，债务甚至可能带来福利收益，尽管很难确定这种情况发生的确切概率。一个合理可行的假设是，虽然中性利率确实很低，但债务仍有福利成本，尽管福利成本有限。

中性利率越低，货币政策稳定产出的空间就越有限。特别是，如果 r^* 小于 r_{min}（央行在给定有效利率下限的情况下所能达到的最低实际利率），那么货币政策就不能再将产出维持在潜在水平。要做到这一点，就需要以赤字形式提供财政支持。即使有效利率下限没有严格的约束力，r^* 越接近 r_{min}，货币政策应对不利冲击的空间就越小，可能需要越多的财政支持。

将这些串联起来：中性利率越低，债务和赤字的财政和福利成本就越小，福利收益就越大。

更进一步，考虑两种极端的财政政策方法是有用的：

- 一种是纯公共财政方法，侧重于利用债务来消除税收扭曲或在几代人之间重新分配收入，而忽略政策对总需求和总产出的影响。人们普遍认为，我们今天观察到的债务水平高于这种方法建议的水平。如果是这样，按照这种方法，债务应该随着时间的推移而减少，政府应该维持基本盈余。
- 一种是纯功能财政方法，专注于财政政策的宏观稳定作用，而忽略政策对债务的影响。在这种方法下，如果总需求疲软，货币政策受到限制，那么政府应该毫不犹豫地维持总需求和总产出，并维持基本赤字。①

因此，我们可以把适当的财政政策看作纯公共财政方法和纯功能财政方法的加权平均值：当中性利率很低时，将大部分权重放在纯功能财政方法和宏观稳定上；当中性利率很高时，将大部分权重放在纯公共财政方法和债务削减上。

- 从总需求非常疲软的情况开始，这反映了非常疲软的私人需求和特定的财政立场。假设中性利率很低——低于央行在给定有效利率下限的情况下所能达到的水平：r^*小于r_{min}，因此$r=r_{min}<r^*$。由于货币政策无法将利率设定得足够低，以匹配中性利率，所以产出低于潜在水平。然后，必须优先考虑宏观稳定和增加预算赤字，以使产出恢复到潜在水平。

赤字应该增加多少？至少，它应该足以使r^*恢复到r_{min}。这样可以使产出回到潜在水平，央行可以将政策利率设定为刚好等于中性利率：$r=r_{min}=r^*$。然而，这时货币政策没有了进一步应对不利冲击的空间，因为有效利率下限仍具有严格约束力。因此，财政政策应该做的是提高r^*值——比如$r^*=r_{min}+x$——从而给货

---

① 尽管进行了多次讨论，但我发现很难确切知道现代货币理论（MMT）到底主张什么。我将其主要原则之一解释为：应该使用财政政策而非货币政策来稳定宏观经济。如果是这样，当中性利率非常低而无法使用货币政策时，我确实同意这种观点，但当中性利率较高时，我就不这么认为了。

币政策留出一些空间。x的值应该多大取决于给货币政策更多空间与增加债务成本之间的权衡。

政府可以采取各种实施形式。政府可以发挥主导作用，选定赤字的规模。这可能导致经济过热，促使央行根据r^*提高r。也可以采取财政扩张/货币紧缩相协调的形式，政府增加需求，央行提高利率，从而在中性利率r^*的期望值下实现潜在产出。

在这种情况下，明显错误的财政政策是优先考虑纯公共财政方法，并着手进行财政整顿，以减少债务。假设在这种情况下，货币政策受到有效利率下限的约束，这将减少产出。产出减少将带来巨大福利成本，而债务减少带来的福利收益却很小（在第六章将会对这一点进行更详细的讨论）。专栏"当有效利率下限具有约束力时，财政紧缩对债务和产出的影响"说明，如果确实实施这种政策，可能会有什么样的债务和产出结果。

注意一个重要的启示：如果遵循这样的政策，利率应该永远不会低于$r_{min}+x$。实际上，财政政策将为中性利率设定一个下限，一旦中性利率降至$r_{min}+x$以下，它就随时准备增加赤字。

- 那么，假设私人需求变得更加强劲。财政政策应如何调整？

根据上述逻辑，如果私人需求变得更加强劲，那么政策调整的形式应该是在一定程度上扩大货币政策的空间，同时在一定程度上减少赤字。换句话说，私人需求的增加应部分被赤字的减少抵消，从而导致总需求的增长小于私人需求的增长。而总需求的净增长本身应被货币紧缩（即政策利率提高）所抵消，以便将需求和产出维持在潜在水平。结果应该是赤字减少，中性利率提高，货币政策空间扩大。同样，财政和货币政策协同配合可以采取以下形式：财政政策为主，货币政策为辅，以避免经济过热并将产出保持在潜在水平；或者两者协调，以应对私人需求的变动。（另一个与财政政策和货币政策协调相关的问题，即影响广义政府债务平均期限的决策的协调，将在下面的专栏中解释。）

随着私人需求进一步增加，货币政策空间扩大的边际收益变小，而债务的边际成本变大。这意味着财政政策对私人需求的抵消作用应该更强。事实上，如果私人需求变得非常强劲，货币政策有足够的空间来抵消大多数不利冲击，包括财政整顿，那么政府就可以专注于纯公共财政方法，保持适度的财政盈余，并逐渐减少债务，让货币政策全权负责宏观经济稳定。

当有效利率下限具有约束力时，财政紧缩对债务和产出的影响

以下定量分析的例子说明了当货币政策无法降低政策利率时，财政整顿对债务率的影响和对产出的影响之间的权衡：

- 假设债务率为100%，$(r-g)/(1+g)=-3\%$，且初始基本赤字为3%，那么债务率为常数。
- 假设为了降低债务率，政府增加了相当于GDP1%的税收。鉴于有效利率下限的约束，央行无法抵消由此导致的需求减少。用一个较小的乘数值，如1.0（鉴于本章第三节中提供的证据，这是一个下限，值越高越能支持结论），则由税收增加导致的产出减少比例是1%。

- 假设自动稳定器的值为0.5，则GDP下降1%会导致收入减少GDP的0.5%；税收的净增长，以及由此带来的基本收支余额的改善，为GDP的0.5%。

- 假设政府连续5年保持这种增税幅度。那么，在5年结束时，债务率从100%降至约97.5%。如果担心债务过高使国家面临过高的利率风险，那么请注意，假设r^*在未来增加3%，则长期财政紧缩和较低的产出对减少利息负担几乎没有作用：偿债负担与GDP的比率将提高2.92%，而非3%。与此同时，产出下降1%，以及与之相关的5年内更高的失业率的福利成本都是很高的。

- 如果我们使用第三节中的更大乘数，这种权衡可能会更糟。如果存在滞后效应，或长时间将产出保持在潜在水平以下导致潜在产出下降，情况也会更糟。[a] 事实上，可能根本不存在权衡：如果滞后效应足够大，财政紧缩可能导致产出下降比例大于债务下降比例，从而导致债务率的永久性上升。除了经济影响，如果失业率长期高于自然失业率，带来政治动荡和民粹主义政府当选的风险，那么情况还会更糟。

- 显然，如果债务率能以很低的产出成本迅速减少到50%，那么当利率上升时，这将产生实质性的变化，但这种减少超出了现实中可以实现的范围，除非取消债务——这是不可能的，而且

第五章 债务和赤字的福利成本与收益

正如我在第四章中已经指出的，当前也不需要这么做。

---

a. 参见（DeLong and Summers，2012）。

量化宽松与财政部债务管理之间的拉锯战

除了财政和货币政策之间的基本协调问题，另一个协调问题源于确定外部投资者所持债务的平均期限。随着利率下降，财政当局延长了公共债务的平均期限，以锁定低利率，降低短期利率突然上升对利息支付带来的风险。与此同时，由于央行受到政策利率有效下限的约束而无法进一步降低利率，它们开始购买政府（和其他）债券，以降低较长期限债券的利率，这一政策被称为量化宽松。在此过程中，央行购买了长期政府债券，并发行了付息、零期限的中央银行准备金。

然而，两种操作的紧张关系是显而易见的。如果我们考虑综合政府债务（包括财政部和中央银行的），财政部的操作延长了债务期限，而中央银行的操作则缩短了债务期限。就私人投资者所持债务的期限而言，其最终结果在许多情况下基本是一场洗牌。以美国在全球金融危机期间发生的情况为例。2007 年 12 月至 2014 年 7 月，联邦政府的债务期限从 3.9 年增加到 4.6 年。但私人投资者持有的综合政府债务（因此包括零期限、付息的央行准备金）的期限实际上从 4.1 年降至 3.8 年 (Greenwood et al., 2014)。

> 这基本上就是一场洗牌，两种操作相互抵消，是这样吗？不完全是，因为这两种操作的结果是，综合政府债务包含了更大比例的付息央行准备金，而且与政府债券不同的是，央行准备金是不可交易的，因此降低了债务挤兑的风险。不过，这些操作的结果是，政府面临的利率风险仍高于其期望值。
>
> 展望未来，这个问题有双重的影响。随着总需求的增加，央行是否应该逐步退出量化宽松政策，让财政部来管理债务期限？事实上，我们可以看到，选择更高的 r^* 值，可以让央行更多地依赖政策利率，更快地退出量化宽松操作，让财政部负责债务管理，避免了协调的问题。而且，如果央行决定继续依赖量化宽松政策并拥有庞大的资产负债表，那么即使政策利率再次变为正值，它们又该如何与财政部协调？[a]
>
> ——————
> a. 进一步讨论请参见 Masuch（2021）。

这种对政策的描述显然只是第一步。虽然这些理论是明确的，但要使这些建议具有可操作性，还需要进行更多的形式化和量化工作。[①] 它也引出了一些问题，现在谈谈这些问题。

（一）财政政策真的起作用吗？重新审视乘数

如果赤字导致债务率从已经很高的水平继续攀升，会不会对

————————
① 有关财政政策设计以及长期停滞和有效利率下限作用更具分析性的相关方法，请参见 Mian，Straub，and Sufi（2021a）。

总需求产生预期的影响？① 我们能保证乘数的符号是正确的吗？当前背景下，财政扩张是否可能是收缩性的，或者财政收缩可能是扩张性的？这一讨论在全球金融危机后被一些人用作扩张性财政紧缩的基础，这会使投资者放心，政府致力于保持债务的可持续性，而投资者信心的增强反过来会导致利差的大幅下降和利率的下降，不仅对政府如此，对私人部门也是如此，这些都会导致总需求的增加。② 这一论点无法立即被否定，历史上确实有这种信心效应可能起作用的例子。③ 现在普遍认为，这种影响即使在2009年和2010年发挥了一定的作用，这些作用也是不够的，而且财政紧缩在这一时期无疑起到了收缩作用。④（在第六章中，我对这一事件还有更多的看法。）在当前背景下，这个论点似乎也无关紧要。利差已经非常低了（表明投资者并不担心债务的可持续性），因此不可能大幅下降。

（二）通胀目标是什么？

在有效利率下限 r_{min}（名义利率的下限，而非实际利率的下限）约束下安全实际利率完全取决于预期通胀。预期通胀率越

---

① 回想一下，基本赤字，如果不是太大，可能与稳定甚至下降的债务率相一致。但如果私人需求非常低迷，以至于需要巨额基本赤字，那么债务可能会上升，尽管利率非常低。
② 例如，参见 Alesina and Ardagna（2009）。
③ 参见 Giavazzi and Pagano（1990），以及我的文章 Blanchard（1990）中对它们的讨论。
④ 例如，参见 Blanchard and Leigh（2013）。

高，在有效下限处的安全实际利率就越低，因此用财政赤字来维持产出的必要性就越小。这就引出了一个老问题，即正确的通胀目标是什么。最优通胀率的争论由来已久，但其对财政政策的影响——在有效利率下限具有约束力时维持赤字的必要性——通常没有被考虑在内。更高的通胀率被认为是可取的，因此有人建议设计强有力的扩张性财政政策，同时货币政策在一段时间内将 r 保持在低于 r^* 的水平，从而导致经济过热，并使通胀率上升到高于当前目标的水平，这可能导致通胀目标上调。[1] 拜登执政期间通过的刺激计划，加上美联储的鸽派态度，可以被视为确实是有意让经济过热，目的是制造（至少暂时）更高的通胀。然而，美联储并未上调其通胀目标，到目前为止，也没有任何迹象表明它会这样做（在第六章讨论拜登政府刺激计划的影响时，会展开更多论述）。[2]

（三）如果长期停滞加剧怎么办？

如果私人需求仍然很疲软，以至于尽管央行政策利率仍保持在有效利率下限约束下所能达到的最低水平，所需的基本赤字仍然很大，以至于债务率稳步上升，使债务的可持续性受到质疑，那该怎么办？这个问题显然与日本及其已经非常高的债务率有关（在第六章讨论日本过去 30 年的财政政策及其未来前景时，将进

---

[1] 例如，参见 Michau（2020），Ubide（2017）。
[2] 这一段是关于通胀目标和预期通胀的。无法预料的通胀（在投资者购买债券时是无法预料的）是另一回事。正如本书撰写时美国的情况，它可以导致债务实际价值减少。但是，就其无法预期的性质而言，它不可能是一项持续的政策。

一步讨论这一点），并提出了一个问题，即是否有其他替代财政赤字的方法来维持总需求。

一些研究人员建议采用凯恩斯的平衡预算乘数，即支出和税收同比例增长。该论点的逻辑是，在某种程度上，税收通过消费起作用，并且考虑到边际消费倾向小于1，它们对需求的影响小于1比1，而支出直接影响需求并且影响是1比1的。尽管在教科书中是这样表述的，但我之前讨论的实证证据表明，税收乘数实际上大于支出乘数，如果是这样，这种平衡的预算增长很可能会产生相反的效果。

一个更被看好的方法是关注 r^* 的决定因素，以及其中一些决定因素是否会受到政策的影响。对低 r^* 值背后因素的分析提出了一些线索。

在投资方面，一些绿色公共投资可能会引发相关私人投资的大幅增加，从而潜在地大幅增加需求（以及随后的供给）。关于绿色投资溢出效应的证据有限，但具有启发性。经济顾问委员会的一项研究（the Council of Economic Advisers，2016）得出结论，2009年美国通过的《美国复苏与再投资法案》（ARRA）中分配的460亿美元带来了超过1500亿美元的私人和非联邦公共投资，因此乘数很大。另一项研究（Aldy，2013）估计，《美国复苏与再投资法案》一揽子计划中包含的清洁能源制造业税收抵免，总税收支出上限为23亿美元，支持了54亿美元的共同投资。第三项研究（Springel，2021）基于挪威的数据，发现在充电站上每投资1美元，电动汽车的购买量就会增加4美元。尼科莱塔·巴蒂尼等人（Batini et al., 2021）使用结构向量自回归模型得出结论，与可再生能源和化石燃料能源投资支出相关的乘数范围是 1.1~1.5。[①]

在储蓄方面，迈恩等人（Mian, Straub, and Sufi, 2021b）认为，由于富人的储蓄比例高于穷人，自 20 世纪 80 年代初以来，美国不断加剧的不平等导致了储蓄上升、r^* 下降。然而，实际上，通过减少不平等来大幅减少储蓄是不太可行的。我认为，在一些国家，最被看好的方法之一是注重预防性储蓄。提供更多的社会保险——比如，延长《平价医疗法案》（也被称为"奥巴马医改"）或在美国提供"全民医疗保险"——本意是好的，但据推测，这也会导致预防性储蓄减少，私人需求增加，对预算赤字的需求降低。无论如何，如果长期停滞继续占据主导地位，就必须探索这些方向和其他方向。

[①] 贯穿各种研究的一个主题是，在采取这些措施的同时，必须明确碳价格的走向。一些投资，如同样包含在《美国复苏与再投资法案》中的碳捕集与封存项目，由于后来的碳价格过低而失败。从上游看，一个相关的维度是知识溢出的证据（用专利引用来衡量）。低碳技术的外溢效应似乎大大高于高碳技术，这可能是因为低碳技术相对旧技术而言更新颖（Dechezleprêtre, Martin, and Mohnen, 2017）。

第六章

财政政策实践

本章考察了最近的三次事件，无论结果如何，财政政策都发挥了或正在发挥重要作用。本书的目的不是全面回顾这三次事件（这需要另写一本书），而是根据迄今的分析来介绍和讨论财政政策选择。

稍微夸张一点说，这三次事件可以被认为是"太少"、"恰到好处"和"太多"。

太少？第一节聚焦全球金融危机之后的"财政紧缩"时期。在最初危机导致债务大幅增加后，政策重点迅速转向债务削减。欧盟尤其如此，在债务大幅增加后开始了强有力的财政整顿。如今，人们普遍认为，财政整顿的力度过大（至少在欧洲是如此），市场和政策制定者都过于依赖传统的债务观，为此付出了巨大的产出成本。

恰到好处？第二节考察了过去30年的日本经济。日本从20世纪90年代中期开始就经历了有效利率下限约束，早于美国或欧洲，此后其利率一直接近这一下限。日本的宏观经济政策通常被认为是失败的，央行无法实现其通胀目标，增长率低，债务率稳步上升，净债务超过 GDP 的 170%，总债务超过 GDP 的 250%。但我认为，应将其视为一种有限的成功，因为它利用激进的财政和货币政策弥补了非常疲软的私人需求：产出仍接近潜在水平。日本增长率低主要是因为人口结构，而非债务。通胀率低于目标水平也并非重大的失败。然而，展望未来，我们有理由感到担忧——日本的债务率非常高。到目前为止，投资者似乎并不介意 10 年期名义利率接近于零。但债务的积累还能继续下去吗？如果利率上升会怎么样？还有其他选择吗？

太多？第三节探讨了美国救助计划（拜登政府于 2021 年年初实施的刺激计划）的效果。2020 年，美国财政政策的重点是保护家庭和企业。2021 年年初，这一目标在一定程度上从保护家庭和企业转向维持经济复苏。相对于明显的产出缺口而言，该计划的规模非常大。这个策略实际上（有意或无意地）有双重效果。对财政部来说，旨在大力增加总需求，从而提高中性利率，放松有效利率下限约束；对美联储来说，旨在推迟政策利率向中性利率的调整，允许出现一些经济过热，并在此过程中产生略高的通胀。在包括我在内的一些观察者看来，该计划的规模似乎过大，引发了对经济过热和过度通胀的担忧。过度的通胀反过来可能会迫使美联储提高利率，以降低通胀，从而导致出现一段名义利率和实际利率较高的时期。本书在写作时对事情的进展进行了评估。

一、全球金融危机后的财政紧缩

2008年秋天，全球金融危机正式爆发。在2008年余下的时间和2009年的大部分时间里，各国政府的反应是花费任何必要的资金，而不太担心债务问题。美国的反应最为强烈，2009年2月通过的《美国复苏与再投资法案》承诺增加额外支出和税收措施，总额为8300亿美元，占GDP的5.9%。美国2009年的基本收支余额相当于GDP的-11.2%，而2008年为-4.6%。2008年11月通过的"欧洲经济复苏计划"（EERP）建议各国政府采取措施，为整个欧盟增加2000亿欧元，占欧盟GDP的1.5%。欧元区2009年的基本收支余额相当于GDP的-3.8%，而2008年为0.4%。随着危机的恶化，日本通过了一系列计划，包括总计29万亿日元的额外措施，相当于GDP的5.8%。2009年，日本的基本赤字相当于GDP的9.3%，高于2008年的3.8%。[①]

其结果是，2009年年底美国的（净）债务率为63%，比2008年年底上升了11%；欧元区为62%，上升了8%；日本为96%，上升了11.3%。除了官方债务增加，或有负债也大幅增加，政府开始进行表外操作，如美国在2008年年底通过了"问题资产救助计划"（TARP），授权将高达7000亿美元用于购买金融机构的问题资产或为其提供担保。

与此同时，各国央行将利率下调至零利率下限或接近零利率下限的水平。在美国，联邦基金利率从2008年8月的2.0%

---

① 来源于2017年国际货币基金组织发布的《财政监测报告》，方法与统计附录。

下降到 12 月的 0.1%。在欧洲，欧元贴现率从 2008 年 9 月的 5.25% 下降到 2009 年 3 月的 1.75%。日本在危机前实际上已经触达有效利率下限，其名义政策利率从 9 月份的 0.50% 降至年底的 0.1%。

从一开始，各国政府就坚持需要采取"及时、有针对性和临时性"的财政措施。到 2009 年年底，随着经济似乎出现缓慢复苏，重点转向了债务整合。为了了解政策重点的转变，我查阅了二十国集团的公报和国际货币基金组织《财政监测报告》的执行摘要。我采用从 +2 到 -2 的评级体系：侧重于稳定产出而非削减债务的评级为 +2，侧重于削减债务而非稳定产出的评级为 -2。更平衡的报表的评级则在 +2 和 -2 之间。这一做法显然是主观的（尽管并不会比人工智能方法更不可靠），但其结果具有重要意义。[①]

结果如图 6.1 所示，直到 2010 年年初，G20 公报还一直在表达对稳定产出的强烈支持；此后，公报态度急转直下，几乎完全转向侧重于债务削减的必要性，尽管事实上，各国央行仍处于或非常接近其有效利率下限。国际货币基金组织则更温和，也在 2010 年转向强调债务削减，但随着复苏乏力，从 2011 年起，国际货币基金组织更侧重于稳定产出。

[①] 感谢迈克尔·基斯特（Michael Kister）初审文本。该资料还提醒说，作者在这一过程中既是评判者又是当事人，曾在此期间担任国际货币基金组织的首席经济学家，在本书中则又是分析师。

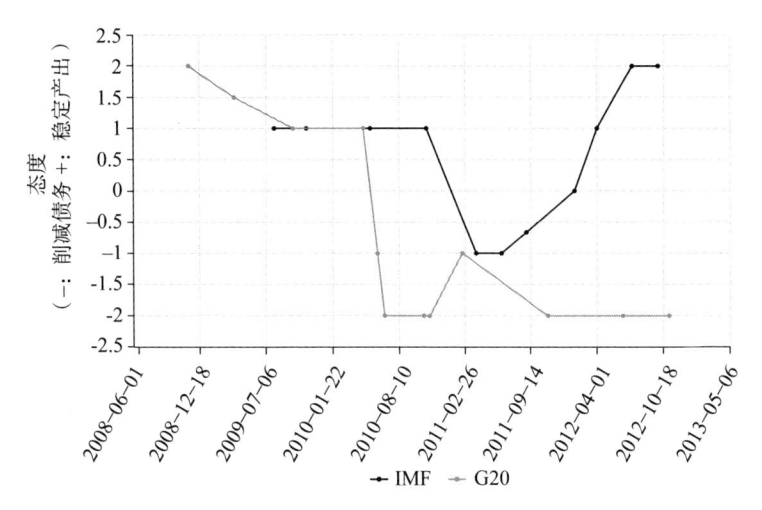

图 6.1　G20 和 IMF 对削减债务与稳定产出的态度

资料来源：不同年份 G20 公报和 IMF《财政监测报告》执行摘要。

在欧盟，将侧重点转向债务削减的趋势尤为强烈。危机前的 2008 年 6 月，欧盟委员会公共财政报告的评估是，大多数国家都符合《马斯特里赫特条约》的标准。2009 年，欧盟委员会表达了对"欧洲经济复苏计划"的支持，但坚持认为刺激计划是"暂时性的"。

2010 年，欧盟委员会决定不暂停实施欧盟财政规则，并将重点转向"退出战略"。鉴于债务增加，它将大多数国家置于《稳定与增长公约》的"纠正机制"，并启动了过度赤字程序（EDP），要求各国在两到三年内恢复到债务的中期目标。这导致利差不断扩大，因此需要安抚市场，但这一信息过于笼统，适用于所有成员国，包括那些利差没有扩大的国家。这个信息是明确的。

鉴于面临的挑战，财政整顿计划应该雄心勃勃，大多数成员国的财政赤字占 GDP 的比重每年至少减少 0.5%。（欧盟委员会发布的欧洲货币联盟公共财政报告，2010 年，第 3 页）

2011 年，尽管经济复苏缓慢，且欧洲央行利率仍接近有效下限，但欧盟委员会立场更加强硬，坚持认为不仅需要稳定债务率，还需要降低债务率。

可持续性问题已成为危机后几年的主要关注点。飙升的赤字和支持金融行业的表外操作导致几乎所有欧盟国家的债务大幅增加。尽管 GDP 增长恢复、临时支持措施逐步退出以及财政整顿使得赤字开始减少，但在大多数情况下，预计债务在未来一年左右仍将继续增加。一旦达到新高，问题将更加棘手。当前的措施已不足以阻止债务增长，需要采取额外的财政整顿措施，将其从新的水平降低，尤其是在人口老龄化将对公共财政产生越来越多负面影响，并在未来几十年对其可持续性构成压力的情况下。（欧盟委员会发布的欧洲货币联盟公共财政报告，2011 年，第 9 页）

欧盟委员会提议修改规则，实际上使规则更加严格了。提高了支出基准，引入了调整债务率的最低速度的量化标准，即债务率与 60% 差值的 1/20。

2012 年，尽管欧元区经济同比萎缩 0.8%，但欧盟委员会仍在加倍努力收紧财政政策。

自危机以来，债务率显著上升，赤字依旧庞大，这意味着许多成员国几乎没有放松财政紧缩的余地，尽管这可能会给本已步履蹒跚的经济增长带来额外的压力。在有关如何最好地继续应对危机的辩论中，有人担心，在增长前景堪忧之际，进一步的财政整顿可能会对债务率产生适得其反的效果。第三部分给出了详细的分析，重点解释了这些影响是如何产生的，但得出的结论是，这些情况是相当理论性的，而且在合理的经济假设下是短暂的。（欧盟委员会发布的欧洲货币联盟公共财政报告，2012年，第11页）

有趣的是，欧盟委员会担心的不是经济增长本身，而是增长下降是否会影响债务削减。

2013年，经济增长率仍然为负，为-0.2%。马里奥·德拉吉在2012年7月宣布"不惜一切代价"，大大缩小了主权债券的利差，尤其是葡萄牙、意大利和爱尔兰的利差，但传递的信息仍然没有改变：诚然，"公共部门去杠杆化"很艰难，会影响产出，但有必要继续进行财政整顿。

到目前为止，金融状况的改善对实体经济的影响有限。2012年下半年的经济活动令人失望，2013年第一季度的经济活动也弱于预期。这是由两个相互关联的因素造成的。首先，由于银行业的持续疲弱，金融市场状况的改善尚未推动信贷增长……其次，在许多经济体中，公共部门和私人部门仍在进行去杠杆化，这对总需求构成了压力。特别是，由于失业率高企、家庭和企业对未来经济和债务危机的发展始终不确定，国内需求仍然低迷。与此同时，鉴于财政可持续性问题仍然存在，许多成员国的政府不得不继续进行必要的财政紧缩。（欧盟委员会发布的欧洲货币联盟公共财政报告，2013年，第13页）

从产出的角度看，财政紧缩的代价有多大？目前还没有反事实分析，但可以看看跨国证据。简单的二元图有明显的局限性，展示相关性而非因果关系，但它们具有提示性意义。图6.2展示了可获得数据的27个发达经济体2008年至2014年产出缺口与同期经周期调整的基本收支余额的变化情况（均以占GDP的比例表示）。两者之间呈显著负相关关系。回归系数为-0.48，这意味着经周期调整后的基本盈余每增加1%，产出缺口就会恶化约0.5%（均以占GDP的比例表示）。当只包括欧盟成员国时，结果相似（回归系数为-0.32）。①

---

① 在这两种情况下，希腊都被排除在图表和回归分析之外。希腊的数据是一个极端的异常值，因为基本收支余额的变化相当于GDP的13.5%，而产出缺口恶化了GDP的17%。将希腊包括在内将导致更强的统计关系，但这在很大程度上是由一个数据点决定的。人们可能还会质疑（就像我在其他地方提出的那样）产出缺口的构成。用失业率代替产出缺口也可以得出失业率的变化与基本收支余额变化之间存在显著的正相关关系。对于发达经济体的样本，相应的回归系数为0.19。基本收支余额每增加1%，失业率会增长0.19%。

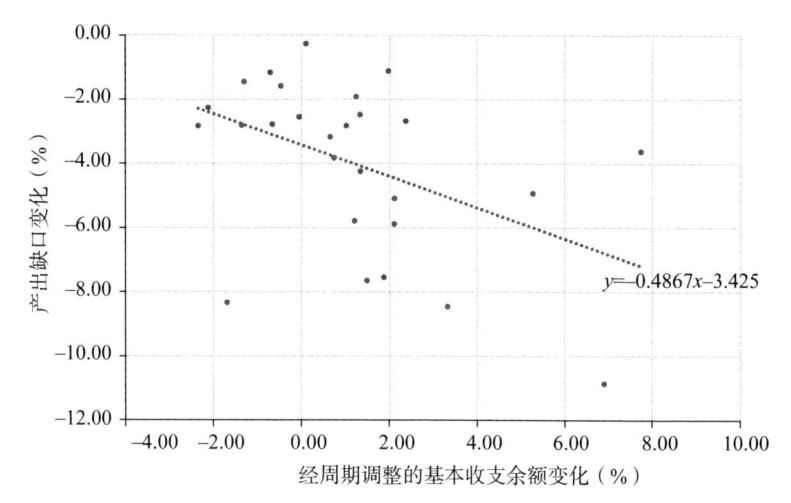

图 6.2　产出缺口与经周期调整的基本收支余额的变化

资料来源：《世界经济展望》中产出缺口方面的数据，IMF《财政监测报告》数据。

总之，全球金融危机后，尽管各国央行的利率仍处于或接近有效利率下限，但政策制定者过于关注债务削减而非稳定产出。换句话说，就是财政支持太少。高负债的成本被认为非常高——高于它们实际水平——而财政乘数则被低估，导致财政整顿的产出成本被低估。[1]

---

[1] 在我与丹尼尔·利（Blanchard and Leigh，2013）的合作研究中，我们发现增长的预测误差与计划实施的财政调整规模相关。计划调整的规模越大，预测误差负值越大。由于无偏预测应该导致预测误差与预测时信息集中的变量之间的相关性为零，因此自然的解释是政策制定者系统性地低估了财政整顿对增长的不利影响。这一评估甚至得到了该政策的设计者的一些认同，例如，参阅马可·布提（Marco Buti，2021）的一份非常诚实的报告。马可·布提在其书中对欧盟在金融危机和新冠疫情危机中的行为进行了有趣的对比。第一个主题是道德风险。欧洲南部的国家被认为行为不端，如果不加以约束，很可能再次这样做。在新冠疫情危机中，问题显然不是由于行为不端，疫情既影响了欧洲北部的国家，也影响了欧洲南部的国家。这有助于采用一种更灵活的观点。

二、日本经验：成功还是失败？

一些人认为，日本自 20 世纪 90 年代初以来的经济发展经验以及基本的货币和财政政策是一次重大失败。[1] 我认为它实际上是一种有限的成功。[2] 然而，必须仔细考虑高债务水平可能带来的影响和风险。这是本节的主题。

失败的理由似乎很简单：产出增长疲弱、通胀目标始终未能实现、巨额预算赤字，以及公共债务居高不下的遗留问题。自 1992 年以来，日本的平均经济增长率为 0.8%，而经济合作与发展组织成员国的平均经济增长率为 2.0%。[3] 日本财政政策的特点是巨额赤字与负债率的稳步上升，2020 年，其净公共债务相当于 GDP 的 171%，总债务相当于 GDP 的 250%。消费者价格指数的平均通胀率为 0.3%，远低于 2% 的目标。

然而，事实并非如此。

日本经济增长率较低主要反映了其较低的人口增长率（自 1995 年以来为 0%），这意味着较低的劳动力增长率（0.1%）。[4] 日本以单位劳动力产出衡量的生产率增长为 0.6%，接近欧盟 19

---

[1] 有关 1990 年以来日本经济演变的详细分析，参见伊藤隆敏和星岳雄的《繁荣与停滞》一书（中信出版集团，2022 年）。
[2] 这一声明是有意挑衅，且只涉及经济政策的宏观稳定任务。人们很可能会辩称，历届政府在实施一系列必要的结构性改革方面做得都不够。
[3] 虽然资产泡沫在 1990 年破裂，但 1990 年和 1991 年的经济增长仍然强劲。因此选择 1992 年作为开始日期。
[4] 在与欧盟进行比较时，初始日期的选择取决于数据可得情况。

国（最近一次扩员前欧盟 19 个发达经济体）的 0.5%，但低于美国的 1.6%。以每小时产出衡量的生产率增长为 1.3%，高于欧盟 19 国（1.0%），但还是低于美国（1.7%）。

日本失业率一直保持在低位，只有两次略高于 5%。第一次是在 2001 年，在 1990 年资产泡沫破裂后，失业率稳步上升；第二次是在 2009 年全球金融危机期间。但随着时间的推移，失业率在 2021 年回落至 2.8%，接近 1990 年 2.1% 的水平。

自 1992 年以来，日本通胀率一直远低于 2% 的目标，CPI 通胀率平均在 0.3% 左右，其中轻微通胀和轻微通缩交替出现。这该如何解释呢？根据菲利普斯曲线，如果预期稳定，通胀率低于预期通胀率表明失业率高于自然失业率，且存在负的产出缺口。然而，有关通胀预期的证据表明，通胀预期仍低于目标，平均在 1% 左右，但未低于实际通胀（Maruyama and Suganuma，2019）。这表明，平均而言，产出仍低于但接近潜在水平。

不过，这的确伴随着一连串的巨额赤字和公共债务的大幅增加，现在谈谈这一点。

政府出现预算赤字至少有两种原因。第一种是无意的：面对不利的冲击或不利的趋势，政府无法筹集足够的收入来支付公共支出。另一种是有意的：面对疲软的私人需求，政府通过赤字来维持需求和产出（自动稳定器是两者的结合）。问题是，这两者中哪一个最能代表 1990 年以来日本的财政政策。

图 6.3 显示了 1990 年以来日本基本赤字与 GDP 之比的演变情况。

它清楚地表明，在 20 世纪 90 年代，第一种原因发挥了核心作用。从 1990 年 3% 的基本盈余到 1998 年接近 10% 基本赤字的急剧转变，本质上是由资产泡沫破裂后经济增长的急剧下降（从 20 世纪 80 年代的 4.3% 降至 90 年代的 1.3%）导致。但在此期间的大部分时间里，老龄化也对公共财政产生了重要的不利影响：65 岁及以上人口的比例翻了一番，到 2021 年达到 30%，导致医疗和退休支出压力稳步上升。历届政府都发现，很难充分增加税收，这导致了政府无意中出现赤字，并试图减少赤字。

与此同时，各届政府已经意识到，在私人需求疲软的情况下，有必要维持需求和产出，并意识到削减赤字的宏观经济风险。

这两个目标之间的紧张关系导致了一些混乱，但并非不同寻常的结果。在 20 世纪 90 年代，关于是限制债务增长还是维持需求的矛盾心理导致了走走停停的政策：1995 年的大规模扩张后，1996 年和 1997 年则是紧缩政策（Posen，2013）。从 2000 年开始，如图 6.3 所示，政府开始设定 10 年内实现基本收支平衡的目标，这意味着在之后的 10 年里，赤字每年稳步减少 0.6%~0.8%，而不考虑维持需求的需要。政府宣布的这些目标路径实际上不仅停留在纸面上：图 6.3 显示，撇开全球金融危机和新冠疫情危机的不利冲击（每次都导致赤字大幅增加），历届政府的政策实际上都接近于宣布的路径。但这两次危机导致了更大的赤字，并从庞大的初始赤字率的基础上进行了重新调整。

日本首相安倍晋三在 2017 年发表的以下声明很好地说明了最近几届政府如何看待减少债务的可取性与宏观稳定的必要性之

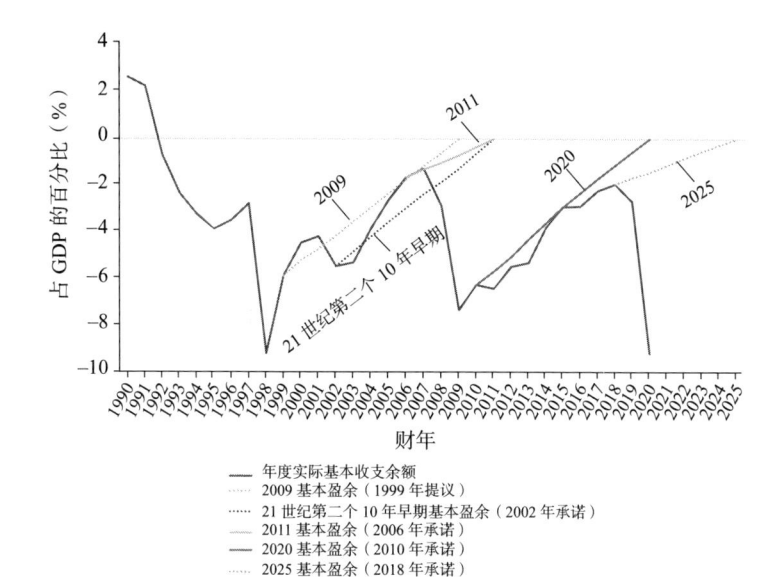

图 6.3　日本基本赤字与 GDP 之比的演变

资料来源：田代武（Takeshi Tashiro）提供。

间的权衡。①

如果我们把下一财政年度的预算减半，财政基本收支就会转为盈余。一旦转为盈余，日本经济就像死了一样，从第二年开始，就会发生灾难性的事情。

日本政府已经明确表示，如果有必要，可能会通过赤字来维持需求，加之 $(r-g) \leqslant 0$，可以使政府维持一些赤字，同时

---

① 2017 年 3 月 1 日，日本首相安倍晋三在参议院预算委员会上的讲话。

允许债务率稳定甚至下降。以下内容引自2021年时任财务省副大臣：[1]

> 为了实现财政稳健，在利率红利期内，各年度的财政赤字必须削减得足够多（或者，准确地说，至少在"增长率减去利率后的盈余"范围之内）。[注：g>r的时期称为红利期。] 如果做到了这一点，就可以避免公共财政进一步恶化。这是日本应该追求的底线（最低目标）和捷径。

维持需求和削减债务之间的紧张关系仍然存在。鉴于2020年财政基本赤字为8.4%，而日本央行仍受限于有效利率下限，上面引用的声明是否符合到2025年恢复基本收支平衡的承诺，是值得怀疑的。事实上，国际货币基金组织预测日本2025年的基本收支余额（包括社会保障基金）占GDP的比重为-2.0%。

总的来说，我们可以看到财政和货币政策的结合，即一方面是巨大的赤字（部分是无意的，部分是有意的），另一方面是受有效利率下限约束的日本央行货币政策，二者在私人需求长期低迷的情况下，将日本的产出保持在接近潜在水平。[2] 在这个意义上，日本可以被认为取得了有限的成功（很难知道相反的情况会

---

[1] 矢野浩司（Koji Yano），《文艺春秋》（*Bungeishunju*），2021年11月。
[2] 有人可能会质疑财政政策是否真的起到了作用（也就是说，这可能取决于当时日本的财政乘数是多少）。古德等人（Goode，Liu，and Nguyen，2021）对1980年至2019年的日本进行了研究，得出的结论是支出乘数很大，特别是在有效利率下限具有约束力的情况下。

怎样）。

尽管如此，赤字仍然如此巨大，以至于远远超过了（r-g）<0带来的良性债务动态；总债务率从1990年的63%上升到2021年年底的250%，净债务率从1990年的19%上升到2021年年底的171%。这就引出了下面几个问题。

第一个问题是，要维持产出，同时防止债务率进一步上升，日本可以维持什么样的赤字状态？

要回答这个问题，可以用基于债务动态基本方程的粗略计算。5年期名义利率为-0.1%；5年期预测通胀率为每年1.0%；不考虑2022年新冠疫情后复苏带来的高增长率，对未来5年经济增长的预测为每年0.8%，[①] 净债务率为171%。这意味着（r-g）b等于（-0.1%-1.0%-0.8%）×171%，即-3.2%。这意味着，按期望值计算，日本政府可以维持3.2%的基本赤字，并稳定债务率。

这足以使产出保持在潜在水平吗？要回答这个问题，我们需要一个宏观模型，以及对新冠疫情后私人需求强度的假设，但答案似乎是肯定的：IMF对2025年的预测是，基本赤字率为2%，失业率为2.3%，接近自然失业率。根据这些假设，IMF预测净债务率将从2021年的171%略微下降至169%。

这表明，根据目前的预测，尽管债务率非常高，但日本并没有债务可持续性问题。但是，第四章关于债务可持续性研究的一个主题是，需要进行全面评估，不仅要探讨点预测下的结果，而

[①] 之所以选择5年期限，是因为国际货币基金组织只预测了5年。

且要考虑到不确定性，进而考虑到所涉及的各种变量的分布。这就引出了下一个问题。

如果利率大幅上升会怎么样？

影响债务动态的所有变量都是不确定的，比如，如果新冠疫情持续下去，基本收支余额需要达到什么水平，以及经济的潜在增长率，等等。显然，（从债务可持续性的角度来看）人们的主要担忧是，实际利率可能大幅上升，从而难以避免爆发债务危机。为了讨论这个问题，我们可以再次借鉴第四章中关于债务可持续性的讨论。[①]

人们对利率上升的担心程度首先取决于公共债务的平均期限。政府债务的期限越长，政府预算约束受利率暂时上升的影响就越小，政府就有越多的时间来适应利率的永久上升。公共债务的平均期限为8.2年。[②]然而，因为采取大规模量化宽松货币政策，现在45%的债务由日本央行持有，而日本央行又发行了相应数量的零期限央行准备金。因此，日本政府综合债务（包括财务省和日本银行）的平均期限大约是政府债务平均期限的一半。这一期限大大缩短，使日本政府面临很高的利率风险。

那么，下一个问题是：为什么利率可能会上升，这意味着什么？

第一种可能是太阳黑子均衡和市场骤停风险增加。我们刚刚看到，在不提高利率的情况下，日本政府债务似乎是可持续的。

---

① 参见 Blanchard and Tashiro（2019）。
② 国际货币基金组织《财政监测报告》，2021年10月，表A23。

但是，正如我们在第四章中所讨论的那样，如果投资者有担忧并要求提高持有日本政府债券（JGBs）的利差，那么他们的担忧可能会自我实现。比如，要将实际利率从-1.1%提高到2%，日本政府就需要将其基本收支余额增加GDP的5.3%。这可能是无法做到的，一方面是因为这会带来灾难性的产出效应，另一方面是因为可以增加多少税收或削减多少支出会受政治因素的限制。日本央行能消除这种风险吗？答案可能是肯定的。首先，日本政府债券的投资者基础非常稳定：只有13%的政府债券由外国投资者持有。传统上，日本投资者更为稳定。其次，日本央行现在是日本政府债券的主要持有者，将起到稳定投资者的作用，它不愿与其他投资者一起抛售，而愿意在其他投资者抛售时买入。事实上，日本央行可能不必大规模购买，因此日本央行维持低利差的承诺是可信的。

第二种可能是日本私人需求增加，在财政政策不变的情况下，导致r^*上升。假如财政政策保持不变，如果日本央行将政策利率设定为与中性利率相等，那么会导致r的上升。但在这种情况下，遵循第五章得出的结论，这个问题有一个自然解决方案。随着总需求的增加，政府可以减少赤字，从而至少在一定程度上抵消私人需求的增长，限制r^*的上升，进而限制r所需的上升。①

再做一个简单的计算。从稳定的债务率开始，假设$r=r^*=$

---

① 由于我们在第五章中讨论过的原因，政府不应该抵消私人需求的全部增长；它应该少作为，以允许中性利率的上升，并间接影响政策利率，为货币政策提供更多空间。我在此不考虑这一点，仅假设完全抵消。

0%。同时假设在财政政策不变的情况下，私人需求增长了 GDP 的 2%；私人需求对实际利率具有单位弹性，r^* 从 0% 增加到 2%。又假设，为了应对私人需求，政府将基本赤字减少 2%，乘数等于 1。结果是 r^* 和 r 没有变化，基本赤字下降。在其他条件不变的情况下，债务率每年下降 2%。我们可以想到这种情况的各种变动。假设政府只减少了 1% 的基本赤字，日本央行保持名义利率不变。又假设由此产生的经济过热导致通胀率上升 1%。同时假设债务是名义债务，债务的实际价值下降了 1%，实际利率下降 1%，基本赤字下降 1%，随着时间的推移，债务会进一步减少。如果初始的债务率是 100%，那么债务将以每年 2% 的速度减少。

第三种可能是全球总需求增加，导致外国 r^* 和 r 的上升。假设日本金融市场在很大程度上是与全球一体化的，如果日本央行不配合外国 r^* 的提高，这可能会导致日元贬值和一些诱发性通胀。同样，日元贬值可能带来的扩张效应（考虑到日本的公共债务不是以外币计价的）允许在保持潜在产出的同时减少赤字。通胀降低了债务的实际价值，降低了 r，导致更为良性的债务动态。

本章讨论的重点并不是要证明，即使债务水平很高，利率上升也不会带来危险。实际上，减少赤字即使不会导致产出下降，也很难在政治上获得支持，可能不会发生，这会导致有关债务可持续性的问题。[①] 但危险可能没有人们通常认为的那么大。

---

① 在第四章中讨论使用随机债务可持续性分析来评估债务可持续性时，我建议采用两步法，首先在现有政策下进行，然后探索政府可能如何应对。如果利率上升而政策没有重新调整，第一步将表明潜在的问题，第二步将探讨政府是否会做出反应，以及如何做出反应，并考虑到政治限制。

如果私人需求仍然非常疲软，导致巨额赤字和债务率进一步上升，该怎么办？

比强劲的私人需求和利率压力更令人担忧的实际上是相反的结果，即持续的私人需求疲软，迫使日本央行停留在有效利率下限，并需要巨额赤字，从而导致债务率进一步稳步上升。正如上面的计算所表明的那样，需要巨额赤字才会使债务率进一步稳步上升，但这种情况不能完全排除。这迫使人们考虑用其他方式来维持总需求。这反过来又把我们带回到前面的讨论，即疲软的私人需求和低中性利率背后的可能因素，以及这些因素是否会受到政策的影响。

首先关注储蓄方面，我在第五章中指出，社会保险的增加除了本身是可取的，还可以减少预防性储蓄，从而增加消费需求。虽然日本的社会保险已经非常健全，但可能还有改进空间。日本首相岸田文雄提议将退休保险的覆盖面扩大到非正式工人。这可能不会使储蓄大增，但方向是正确的。

在投资方面，首先要指出，日本过去的公共投资毁誉参半，留下了"不知道通向何处的桥"。但公共投资可以采取其他形式。特别是，正如第五章所讨论的那样，绿色投资既有助于对抗全球变暖，也有利于宏观经济增长。在某种程度上，公共绿色投资对私人投资具有重大溢出效应，可能会在无须产生巨额赤字的情况下增加总需求。在某种程度上，投资促进了未来的增长——绿色投资可能无法做到这一点，但其他类型的公共支出（例如，更好的儿童护理或提高生育率和扭转人口下降趋势的措施）可能做到这一点——它也可以通过提高 g 与 r 的差值来改善债务动态。

鉴于其高负债水平，日本应该优先考虑用赤字以外的方式来维持需求。但这也是其他国家要开始探索的一个重要问题。

三、拜登赌注：r、r^* 和 g

考虑到本书成稿和出版的时间差，讨论当前的政策及其对未来的影响可能有风险。在这里，我冒险讨论我所谓的拜登赌注，即拜登政府在 2021 年年初实施的非常庞大的财政刺激计划。之所以这样做，是因为它展示了如何应用第五章中的方法，以及在当前环境下设计财政政策的复杂性。

2020 年 3 月初，当新冠疫情的危险已经显而易见时，特朗普政府迅速做出了反应。然而，实施封闭和居家措施付出了高昂的产出成本（2020 年第二季度 GDP 按年率计算下降了 31%）。与此同时，特朗普政府在全年实施了一些大规模的财政计划：2020 年 3 月的《新冠病毒防范和应对补充拨款法案》涉及 1920 亿美元，4 月通过的《工资保护计划和医疗保健加强法案》涉及 4830 亿美元，6 月通过的《新冠病毒援助、救济和经济安全法案》涉及 2.3 万亿美元（包括约 1.0 万亿美元的贷款，其中一半有可能被免除）。到 2020 年 3 月，美联储将政策利率从 2 月份的 1.5% 降至 0.05%。货币和财政政策的方针都是"不惜一切代价"。其目标是保护家庭和企业，而不是维持需求。这导致净债务率大幅上升，从2019年年底的83%上升到2020年年底的90%。

随着时间的发展，封闭减少了，情况有所改善。抗击新冠疫情的医疗进展迅速。2020年年初实现了基因测序，并启动了新冠疫苗的临床试验。到12月，许多疫苗获得批准，人们普遍认为，到2021年年中，新冠疫情将基本得到控制。问题变成了如何从保护转向复苏，如何最好地支持需求，并迅速回到潜在产出水平。这就是我在这里要关注的。

美国政府实施了两大计划。首先是特朗普政府于2020年12月通过的《新冠纾困法案》，涉及8700亿美元；其次是拜登政府于2021年3月通过的《美国救援计划》，涉及1.9万亿美元。

后一个计划是在特朗普政府的计划的基础上进行的，是一项重大的财政扩张计划。我们来计算一下。

首先考虑需要填补的产出缺口的潜在规模，因为它可以在当时进行评估。2020年1月，失业率为3.5%，为1953年以来的最低水平，可以合理地认为这接近自然失业率。换句话说，2020年1月，产出可能非常接近潜在水平。国会预算办公室估计，前几年的潜在实际产出增长率约为1.7%。假设2020年潜在产出继续以同样的速度增长，并考虑到2020年第四季度的实际GDP比上年同期低2.5%，国会预算办公室的这一估计意味着2020年第四季度的产出缺口为1.7%+2.5%=4.2%，名义上约为9000亿美元。

鉴于新冠疫情直接或间接造成的供给约束，9000亿美元明显高估了需要由需求增长填补的缺口，这即使在当时也很明显。新冠疫情严重降低了潜在产出，至少在2021年的大部分时间里，这种情况可能会持续。保守假设，2021年潜在产出仍比新冠疫情前下降1%，那么2021年需要通过需求增长来填补的产出缺口仅为6800亿美元。

在需求方面，问题是该计划将增加多少总需求。确定这一问题，需要关于乘数的假设。将《美国救援计划》项目分解成不同的组成部分，并使用经济顾问委员会（2014年，第3章，表3-5）设定的乘数均值评估该计划对总需求的可能影响，该分析隐含的总体乘数（总需求增长与财政计划规模大小之比）等于1.2，而增加的支出为2.1万亿美元，是产出缺口估计规模的3~4倍。[①]但乘数的不确定性非常大：在低乘数估计下，总体乘数为0.4；在高乘数估计下，则接近2.0。除了2021年3月通过的《美国救援计划》的影响，还必须加上特朗普政府在2020年12月通过的8700亿美元计划的影响，相关乘数也存在类似的不确定性。不确定性的另一个来源是：2020年，由于各种财政计划，美国家庭的储蓄比平时增加约1.6万亿美元，很难估计他们会花多少钱。无论如何，即使对乘数和储蓄中原本应该用于消费的部分进行保守假设，总需求的增长似乎也会大大超过估计的产出缺口，从而导致经济过热。

在货币政策方面，美联储表示将"长期保持低利率"，等产出回到潜在水平，通胀率超过2%后再上调政策利率；与此同时，美联储将继续购买政府债券和抵押贷款证券。引述联邦公开市场

---

① 计算细节见 Blanchard（2021a）。

委员会（FOMC）2021年7月的声明如下：①

> 委员会寻求在长期内实现最大化就业和2%的通胀率。由于通胀持续低于这一长期目标，委员会将致力于在一段时间内实现通胀率适度高于2%的目标，从而使一段时间内的平均通胀率达到2%，而长期通胀预期将稳定在2%。在这些结果实现之前，委员会预计将维持宽松的货币政策立场。委员会决定将联邦基金利率的目标区间维持在0~0.25%，并预计将维持这一目标区间，直到劳动力市场状况达到与委员会对最大化就业的评估相一致的水平，通胀率升至2%并有望在一段时间内适度超过2%。

这种财政和货币政策策略有意义吗？（不清楚这是不是一个经过深思熟虑、协调一致的"战略"，不清楚拜登政府是否有意实现经济过热，也不清楚该计划是否与美联储协调设计。但我们可以这样看。）根据第五章讨论的内容，我们可以认为在2020年年初美国政策制定者有三种选择：

- 最低限度的方法：财政扩张仅足以将中性利率 r^* 提高至 r_{min}，即有效利率下限；或财政扩张仅足以使产出回到潜在水平，同时将政策利率保持在有效下限。再小的数值是

---

① 2021年3月17日美联储发布的新闻稿"联邦公开市场委员会声明"，https://www.federalreserve.gov/newsevents/pressreleases/monetary20210317a.htm。

不可取的，会导致负的产出缺口。考虑到巨大的不确定性，理想的情况是，让其部分取决于私人需求的情况，以避免做得太少或太多。

- 雄心勃勃的方法：进行更大规模的财政扩张，从而将中性利率 r^* 提高到 r_{min} 以上，并让美联储根据 r^* 的上升来提高政策利率 r，以将产出保持在潜在水平。在第五章中给出了支持这种策略的理由——留给货币政策更多的空间，以应对未来可能发生的不利冲击。同样，将政策设计成在部分程度上可依情况而定，以便在需要时进行调整。

- 更雄心勃勃的方法：采取与第二种选择相同的财政扩张，将 r^* 提高到 r_{min} 以上，但让美联储推迟政策利率从 r 到 r^* 的调整，从而导致一段时间的经济过热和通胀的暂时上升。相对于第二种选择，除了隐含的债务实际价值减少和一段时间内较低的实际利率对债务动态的影响，这种选择的潜在优势是提高了通胀率，以补偿过去低于目标的通胀率，从而实现与目标通胀率相等的平均通胀率。同样，应将政策设计成在部分程度上可依情况而定。

我认为，第三种选择是对拜登政府和美联储战略的恰当描述。支持该计划的人有四个理由。

第一，经济过热是有限的，要么是因为人们不会花太多钱，要么是因为潜在产出高于上述估计。第二，全球金融危机后的财政扩张力度本应更大，因此不应再犯同样的错误。第三，考虑到过去实现通胀目标的难度，在一段时间内提高通胀水平是可取的。第四，即使出现经济过热，反映通胀与失业之间关系的菲利普斯曲线也非常平坦，因此几乎不会出现通胀。

包括我在内的一些人指出了风险，认同财政政策的方向，但对其规模感到担忧。[①] 担忧在于，私人需求本身可能相当强劲，特别是由于疫情期间储蓄过度积累。另一个担忧是，该计划的前期负荷很大，如果需求过于强劲，就无法缩减规模。因此，风险在于，经济将出现严重过热，通胀的上升幅度将远远大于历史上菲利普斯曲线所暗示的水平，迫使美联储做出反应，至少在一段时间内，将利率提高到超出预期的水平。

事态还在发展。9个月后（也就是写本书的时候），情况又如何呢？

结果是，潜在产出低于预期。许多工人还没有返回工作岗位；2021年12月的劳动参与率为61.9%，高于2020年4月的60.2%，但低于2020年1月的63.4%。需求一直很强劲，对商品的需求相对于对服务的需求有所增加。失业率大幅下降，从2020年4月的14.8%降至2021年12月的3.9%。职位空缺与失业人数之比高企和高辞职率都表明劳动力市场吃紧。全球需求强劲（部分原因在于美国需求强劲）导致大宗商品价格大幅上涨，提高了生产成本。供应链中断，部分原因是新冠疫情，但主要原因是需求旺盛，导致短缺和价格上涨。

---

① 参见 Blanchard（2021a）和 Summers（2021）。

因此，通胀率的上升幅度大大超过了该计划支持者的预期。如图 6.4 所示，2021 年第三季度 CPI 通胀率（与上年同期相比）超过 5%，主要原因是大宗商品价格上涨。2021 年第三季度，美国的全球大宗商品价格指数比上年同期高出 60% 以上。从紧的劳动力市场导致工资上涨，但到本书写作时涨幅仍然比较温和。

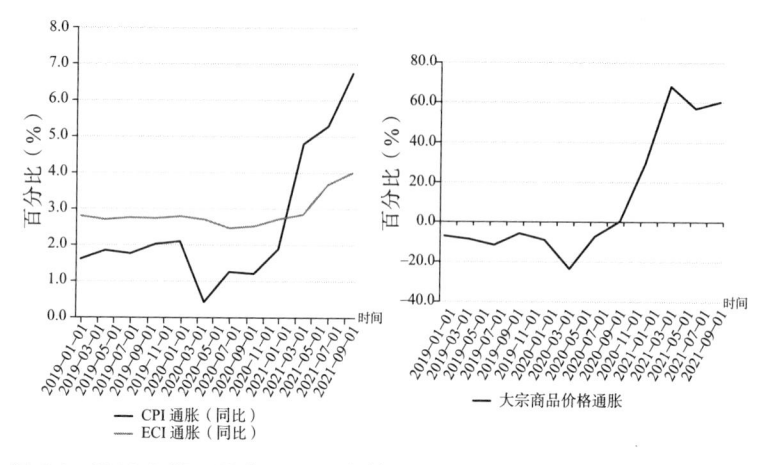

图 6.4 2019 年第一季度至 2021 年第三季度的价格、工资和大宗商品通胀

资料来源：消费者价格指数（CPI）、就业成本指数（ECI）、大宗商品价格指数，均来自圣路易斯联邦储备银行数据库。

接下来会怎么样？我们可以想到两种情况（假设没有新冠疫情或其他因素造成新的重大破坏）。

首先是劳动参与率至少要恢复到疫情前的水平；供应链中断消除；大宗商品价格回落至较低水平；私人需求减弱，劳动力市场的压力减轻；生产率高增长，反映了危机期间企业组织的变化，并限制了工资增长对价格的影响。如果是这样，通胀可能会自然回到接近 2% 的水平，而美联储不必大幅提高政策利率。在这种情况下，实际利率仍然很低。①

其次是不满足这些条件。劳动参与率仍然较低，原因之一是提前退休的工人不会重返劳动力市场；供应链中断只会缓慢消失；私人需求依然强劲，因为家庭要花掉其过剩的储蓄；由于劳动力市场吃紧增强了工人的议价能力，以及他们补偿物价上涨的愿望，工资会继续以更快的速度上涨。在这种情况下，通胀率仍然很高，美联储不得不将政策利率提高到高于预期的水平，而实际利率在一段时间内可能会大幅上升。这就是我在第三章的结论中所说的拜登刺激计划可能导致利率暂时上升：即使基本面表明实际利率在中期内将保持低位，但由于财政政策的影响，它们可能会在一段时间内高得多。我认为这种情况比第一种情况更有可能发生。

本章的目的不是进行预测，而是根据书中对财政政策的讨论来思考刺激计划的效果——通过财政扩张来增加需求，也意味着提高 r^*，从而增加货币政策的空间，同时美联储推迟将 r 调整为 r^*，以允许一定程度的经济过热和通胀的暂时上升。我的结论是，尽管该战略的意图（如果它确实是一个战略的话）是正确的，但该计划的规模太大，可能会导致其难以调整。②

---

① 截至 2021 年 12 月，描述联邦公开市场委员会个别成员对政策利率预测的"点阵图"中，2022 年年底的中值为 0.75%，2023 年年底的中值为 1.5%。
② 本节忽略了两项基础设施计划可能产生的宏观经济影响：如果谈判再次开始，国会已经通过的基础设施计划和"重建更好未来"计划的其余部分会怎样。现在要知道它们合起来会有多大规模，如何融资，以及除了它们的直接和积极影响，它们是否以及如何有助于维持需求，提高 r^* 和 r，并缓解未来的有效利率下限约束，还为时过早。

第七章

结论和亟待解决的问题

这是一段漫长的旅程。让我用10条要点来概括本书的主要观点。①

1. 过去30年，发达经济体的私人需求长期疲软。换句话说，疲软的投资一直无法超越强劲的储蓄。此外，需求也转向了安全资产。
2. 这些因素共同导致了中性利率（将产出维持在潜在水平所需的安全利率）的持续下降。这种低需求和由此导致的低中性利率状态被称为"长期停滞"。
3. 随着中性利率的下降，它跨越了两个临界点——首先变得小于增长率，然后偶尔会遇到有效下限约束。这对财政政策产生了两大启示。

---

① 我还列出了一个更长的45条要点（Blanchard，2021b），但这10条要点可以用于本书的讨论。

4. 随着中性利率的降低，尤其是低于增长率，债务的财政成本降低了，重要的是，债务的福利成本也降低了。

5. 由于中性利率接近甚至低于有效下限所隐含的最低利率，货币政策失去了很大的回旋余地，从而增加了利用财政政策来稳定宏观经济的收益。

6. 虽然无法确定，但疲软的私人需求和对安全资产的高需求可能会在未来一段时间内持续存在。美国2021年的财政刺激计划、由此导致的经济过热，以及通胀上升迫使美联储和其他国家中央银行加息的风险，可能会导致利率在一段时间内走高。然而，过去30年实际利率稳步下降背后的基本因素仍然存在，这表明之后可能会回到持续低利率的状态。

7. 财政政策有两种思路：第一种思路是"纯公共财政"，假定货币政策可以将产出维持在潜在水平，如果认为债务过高，则将重点放在削减债务上。第二种思路是"纯功能财政"，假定无法使用货币政策，而是侧重于宏观经济稳定。

8. 正确的财政政策是两者相结合，其相对权重取决于私人需求的强弱。如果私人需求强劲，那么财政政策基本上可以遵循纯公共财政原则。私人需求越弱，纯功能财政原则和宏观经济稳定的权重就越大。

9. 这种思考正确政策的方式其实很简单：利用财政政策，使中性利率至少以合理的幅度超过有效下限约束，从而为货币政策提供足够的空间来维持产出。

10. 目前，发达经济体的债务可持续性并不存在严重风险。但这些风险可能会出现。一方面，如果私人需求变得非常强劲，中性利率大幅上升，政府偿债负担就会增加；但强劲的私人需求和货币政策空间的增加也为在不对产出产生不利影响的情况下整顿财政留下了空间。另一方面，如果私人需求变得更加疲软，那么，为了使产出保持在潜在水平，政府可能不得不维持巨额财政赤字，以至于尽管利率很低，债务率却不断上升。如果是这样，我们就必须想出其他办法来应对严重的长期停滞。

在我看来，本书以及其他许多人在此基础上所做的研究给我们指明了方向，即在低利率条件下，财政政策应发挥更积极的宏观稳定作用。有趣的是，这似乎也是专业人士的看法。1990年、2000年、2010年和2021年对美国经济学会会员的调查提出了一系列有关经济和政策的问题（Geide-Stevenson and La Para Perez, 2021）。表7.1列示了受访者对财政政策稳定宏观经济作用的看法，表明随着时间的推移，人们对积极财政政策的有效性和实用性的看法呈现出明显的积极趋势。

表7.1 财政政策稳定宏观经济作用的观点调查

		1990年	2000年	2010年	2021年
巨额预算赤字会对经济产生不利影响	同意	39.5	40.1	29.9	19.7
	有条件同意	46.5	39.8	45.4	41.7
	不同意	14.1	20.2	24.7	38.6

（续表）

		1990 年	2000 年	2010 年	2021 年
应由美联储管理经济周期，应避免激进的财政政策	同意		36.0	15.1	12.2
	有条件同意		35.6	28.7	21.2
	不同意		28.5	56.2	66.6

注：表中除年份以外的数字指的是每个类别中受访者所占的比例（百分比）。

然而，我看到了许多悬而未决的问题：与细化的货币政策建议相比，使用财政政策来实现宏观稳定的一般性建议过于笼统。

例如，如果需要财政扩张来维持需求，那么应该采取增加支出、减少税收还是增加平衡预算的形式？宏观稳定方法聚焦于乘数的大小，纯公共财政方法侧重于支出的边际收益以及税收和债务的边际成本。两者应该如何融合？

我的隐含假设是，如果没有有效利率下限约束，宏观稳定就可以完全交给货币政策，而财政政策则遵循纯公共财政原则。这在很多方面显然是错误的，文献中对此已有分析。

在某些方面，财政政策在稳定产出方面比货币政策更有优势。最主要的例子就是自动稳定器的运行，它能比货币政策更快地发挥作用。

虽然从效率的角度来看，货币政策是正确的工具，[①]但它还有财政政策没有的其他影响。正如过去几年资产价格飙升所表明

---

① 在标准的凯恩斯主义或新凯恩斯主义模型中，名义刚性是低效率的主要来源之一，它阻碍了利率向中性利率的正确调整。因此，中央银行通过利率直接解决并纠正了效率低下的问题。

的那样，扩张性货币政策的部分作用是提高资产价格，从而增加本已比较富裕的个人的财富；虽然每个人都可能从产出的增加中受益，但有些人比其他人受益更多。使用财政政策可以避免这些分配效应，而财政政策有更多的工具可供使用。

货币政策影响产出的渠道仍存在相当大的不确定性。举一个当前的例子，美联储需要将政策利率提到多高才能使通胀降至目标水平，这一点极不确定。斯坦斯伯里和萨默斯（Stansbury and Summers，2020）讨论了总需求对利率的弹性（IS-LM 模型中 IS 曲线的斜率），并认为这种弹性有时可能很小。①

如果没有有效利率下限约束，私人需求又非常疲软，那么中性利率，以及隐含的实际利率，可能会是绝对值很大的负值。然而，有证据表明，极低的安全利率会导致过度冒险，进而导致金融不稳定。如果是这种情况，这可能成为使用财政政策的理由，即使有效利率下限不再重要（比如，因为数字货币取代了传统货币），也可以允许实施负利率。

我认为还有一系列亟待解决的政策问题，在此列举两个。

第一个问题是如何为公共绿色投资提供资金。应对全球变暖显然是各国政府面临的主要挑战之一，而且会对宏观经济产生重大影响（Pisani-Ferry，2021）。我认为，任何经风险调整后具有社会效益的公共绿色投资都应该实施。其中一些措施，如碳税，可能会增加财政收入，尽管其中一些收入必须用于限制不利的分

---

① 这确实是汉森（Hansen，1939）提出的经济陷入长期停滞并倡导采用财政政策而非货币政策的论据之一。

配效应，但大多数措施都必须通过税收或债务来筹资。现在的问题是采取什么样的组合。

第二个紧迫问题是，如何将有关发达经济体财政政策的结论转化为适用于新兴市场和低收入国家的财政政策。两者的借款利率都有所下降，而较低的利率意味着更好的财政动态。然而，与发达经济体相比，这些经济体利率仍然较高。许多国家依赖外币借款，面临基数更大、更难预测的外国投资者，并且财政收入对大宗商品价格依赖性更高。这些因素导致了更高的不确定性和更低的债务可持续性。同时，更高的利率也减弱了货币政策实施中有效下限的约束作用。从历史角度看，许多国家债务水平都偏高。因此，本书提出的建议能在多大程度上转化为适用于它们当前处境的政策，是一个亟待解答的问题。①

---

① 关于印度的初步概览，参见 Blanchard，Felman，and Subramanian（2021）。

注释

Abel, Andrew, N. Gregory Mankiw, Lawrence Summers, and Richard Zeckhauser. 1989. "Assessing dynamic efficiency: Theory and evidence." Review of Economic Studies 56 (1): 1–19.

Adachi, Ko, and Kazuhiro Hiraki. 2021. "Recent developments in measuring inflation expectations." Bank of Japan Research Laboratory Series 21-E-1, June.

Afonso, Antonio, Pedro Gomes, and Philipp Rother. 2011. "Short-and long-run determinants of sovereign debt credit ratings." International Journal of Finance and Economics 16: 1–15.

Aguiar, Mark, Manuel Amador, and Christina Arellano. 2021. "Micro risks and Pareto improving policies with low interest rates." NBER Working Paper 28996, July.

Aiyagari, Rao. 1994. "Uninsured idiosyncratic risk and aggregate saving." Quarterly Journal of Economics 109 (3): 659–684.

Aldy, Joseph. 2013. "A preliminary assessment of the American Recovery and Reinvestment Act's Clean Energy Package." Review of Environmental Economics and Policy 7 (1): 136–155.

Alesina, Alberto, and Silvia Ardagna. 2009. "Large changes in fiscal policy: Taxes versus spending." NBER Working Paper 15438, October.

Ardagna, Silvia. 2018. "Rating sovereigns: More upgrades on the horizon." Goldman Sachs Economics Research Report, March.

Auclert, Adrien, Hannes Malmberg, Frederic Martenet, and Matthew Rognlie. 2021. "Demographics, wealth, and global imbalances in the twenty-first century." NBER Working Paper 29161, August.

Backhouse, Roger, and Mauro Boianovsky. 2016. "Secular stagnation: The history of a macroeconomic heresy." European Journal of the History of Economic Thought 23 (6): 946–970.

Ball, Laurence, and N. Greg Mankiw. 2021. "Market power in neoclassical growth models." NBER Working Paper 28538.

Barro, Robert. 1974. "Are government bonds net wealth?" Journal of Political Economy 82 (6): 1095–1117.

Barro, Robert. 2021. "r minus g." Unpublished manuscript, Harvard University, August.

Barro, Robert, and Jose Ursua. 2011. "Rare macroeconomic disasters." Harvard Department of Economics Working Paper, August.

Batini, Nicoletta, Mario Di Serio, Mattero Fragetta, Giovanni Melina, and Anthony Waldron. 2021. "Building back better: How big are green spending multipliers?" IMF Working Paper.

Benartzi Shlomo, and Richard Thaler. 1995. "Myopic loss aversion and the equity premium puzzle." Quarterly Journal of Economics 110 (1): 73–92.

Bénassy-Quéré, Agnes, Markus Brunnermeier, Henrik Enderlein, Emmanuel Farhi, Marcel Fratzscher, Clemens Fuest, Pierre-Olivier Gourinchas, Philippe Martin, Jean Pisani-Ferry, Helene Rey, Isabel Schnabel, Nicolas Véron, Beatrice Weder di Mauro, and Jeromin Zettelmeyer. 2018. "Reconciling risk sharing with market discipline: A constructive approach to Euro Area reform." CEPR Policy Insight No. 91, January.

Bernanke, Ben. 2005. "The global saving glut and the US current account deficit." EconPapers No. 77, speech delivered to Board of Governors of the Federal Reserve System, April.

Blanchard, Olivier. 1985. "Debt, deficits, and finite horizons." Journal of Political Economy 93 (2): 223–247.

Blanchard, Olivier. 1990. "Comments on 'Can severe fiscal contractions be expansionary? Tales of two small European countries.'" NBER Macroeconomics Annual 5: 111–116.

Blanchard, Olivier. 1993. "Movements in the equity premium." Brookings Papers on Economic Activity 2: 75–138.

Blanchard, Olivier. 2019a. "Comment on Christina and David Romer, 'Fiscal space and the aftermath of financial crises: How it matters and why.'" Brookings Papers on Economic Activity (Spring): 314–321.

Blanchard, Olivier. 2019b. "Public debt and low interest rates." American Economic Review 109 (4): 1197–1229.

Blanchard, Olivier. 2021a. "In defense of concerns over the $1.9 trillion relief plan." Peterson Institute for International Economics, February.

Blanchard, Olivier. 2021b. "Why low interest rates force us to revisit the scope and role of fiscal policy: 45 takeaways." Realtime Economic Issues Watch (blog), Peterson Institute for International Economics, December.

Blanchard, Olivier, Josh Felman, and Arvind Subramanian. 2021. "Does the new fiscal consensus in advanced economies travel to emerging markets?" PIIE Policy Brief 21-7, March.

Blanchard, Olivier, and Jordi Gali. 2007. "Real wage rigidities and the New Keynesian model." Journal of Money, Credit and Banking 39 (1): 35–65.

Blanchard, Olivier, Michael Kister, and Gonzalo Huertas. 2021. "Notes on debt limits, uncertainty, and sudden stops." Unpublished manuscript, work in progress.

Blanchard, Olivier, Alvaro Leandro, and Jeromin Zettelmeyer. 2021. "Redesigning fiscal EU rules. From rules to standards." Economic Policy 36 (106): 195–236.

Blanchard, Olivier, and Daniel Leigh. 2013. "Growth forecast errors and fiscal multipliers." American Economic Review 103 (3): 117–120.

Blanchard, Olivier, and Lawrence Summers. 2020. "Automatic stabilizers in a low rate environment." American Economic Review Papers and Proceedings 110: 125–130.

Blanchard, Olivier, and Takeshi Tashiro. 2019. "Fiscal policy options for Japan." PIIE Policy Brief 19-7, May 2019.

Bohn, Henning. 1998. "The behavior of US public debt and deficits." Quarterly Journal of Economics 113: 949–963.

Bomfim, Antulio. 1997. "The equilibrium Fed funds rate and the indicator properties of term- structure spreads." Economic Inquiry 35 (October): 830–846.

Borio, Claudio, Piti Disyatat, and Phurichai Rungcharoenkitkul. 2019. "What anchors for the natural rate of interest?" BIS Working Paper 777 March.

Boushey, Heather, Ryan Nunn, and Jay Shambaugh. 2019. "Recession ready: Fiscal policies to stabilize the American economy." The Hamilton Project, Brookings Institution, May 16.

Brumm, Johannes, Xiangyu Feng, Laurence Kotlikoff, and Felix Kubler. 2021. "Deficit follies." NBER Working Paper 28952 June.

Brynjolfsson, Erik, and Andrew McAfee. 2014. The Second Machine Age: Work, Progress, and Prosperity in a Time of Brilliant Technologies. New York: W.W. Norton.

Buti, Marco. 2021. The Man Inside: A European Journey through Two Crises. Milan: Bocconi University Press.

Caballero, Ricardo, Emmanuel Farhi, and Pierre-Olivier Gourinchas. 2017. "The safe asset shortage conundrum." Journal of Economic Perspectives 31 (3): 29–46.

Cochrane, John. 2022. The Fiscal Theory of the Price Level. Princeton, NJ: Princeton University Press.

Council of Economic Advisers. 2014. Economic Report of the President.

Chapter 3. Washington, DC: US Government Printing Office.

Council of Economic Advisers. 2016. "A retrospective assessment of clean energy investment in the Recovery Act," February.

Dechezleprêtre, Antoine, Ralf Martin, and Myra Mohnen. 2017. "Knowledge spillovers from clean and dirty technologies." Grantham Research Institute on Climate Change and the Environment Working Paper 135, October.

Del Negro, Marco, Domenico Giannone, Marco Giannoni MP, and Andrea Tambalotti. 2019. "Global trends in interest rates." Journal of International Economics 118: 248–262.

DeLong, Brad, and Lawrence Summers. 2012. "Fiscal policy in a depressed economy." Brookings Papers on Economic Activity (Spring): 233–297.

Diamond, Peter. 1965. "National debt in a neoclassical growth model." American Economic Review55 (5): 1126–1150.

Eggertson, Gauti, Neil Mehrotra, and Jacob Robbins. 2019. "A model of secular stagnation; Theory and quantitative evaluation." American Economic Review 11 (1): 1–48.

Farhi, Emmanuel, and François Gourio. 2019. "Accounting for macro-finance trends: Market power, intangibles, and risk premia." NBER Working Paper 25282, February.

Farhi, Emmanuel, and Jean Tirole. 2012. "Bubbly liquidity." Review of Economic Studies 79:678–706.

Favero, Carlo, Arie Gozluklu, and Andrea Tamoni. 2011. "Demographic trends, the dividend price ratio, and the predictability of long-run stock market returns." Journal of Financial and Quantitative Analysis (October): 1493–1520.

Furman, Jason, and Lawrence Summers. 2020. "A reconsideration of fiscal policy in the era of low interest rates." Harvard University Working Paper, November.

Geerolf, François. 2018. "Reassessing dynamic efficiency." UCLA Working Paper, September.

Geide-Stevenson, Doris, and Alvaro La Para Perez. 2021. "Consensus among economists 2020: A sharpening of the picture." Weber State University Working Paper, December.

Giavazzi, Francesco, and Marco Pagano. 1990. "Can severe fiscal contractions be expansionary? Tales of two small European countries." NBER Macroeconomics Annual 5: 75–122.

Goode, Ethan, Zheng Liu, and Thuy Lan Nguyen. 2021. "Fiscal multiplier at the zero lower bound in Japan." Federal Reserve Bank of San Francisco Economic Letter, May.

Goodhart, Charles, and Manoj Pradhan. 2020. The Great Demographic Reversal: Ageing Societies, Waning Inequality, and an Inflation Revival. Cham, Switzerland: Springer.

Gordon, Robert. 2016. The Rise and Fall of American Growth: The US Standard of Living since the Civil War. Princeton, NJ: Princeton University Press.

Greenwood, Robin, Samuel Hanson, Joshua Rudolph, and Lawrence Summers. 2014. "Government debt management at the zero lower bound." Hutchins Center on Fiscal and Monetary Policy Working Paper 5, September.

Gutierrez, German, and Thomas Philippon. 2017. "Declining competition and investment in the US." NBER Working Paper 23583.

Hansen, Alvin. 1939. "Economic progress and declining population growth." American Economic Review 29:1–15.

Haskel, Jonathan. 2020. "Monetary policy in the intangible economy." Bank of England, February.

Hellwig, Martin. 2021. "Safe assets, risky assets, and dynamic inefficiency in overlapping generations economies." Max Planck Institute Working Paper, May.

Holmström, Bengt, and Jean Tirole. 1998. "Private and public supply of liquidity." Journal of Political Economy 106 (1): 1–40.

International Energy Agency. 2021. Net Zero by 2050: A Roadmap for the Global Energy Sector. Paris: IEA.

International Monetary Fund. 2021. "Review of the debt sustainability framework for market access countries." IMF Policy Paper, January.

Irish Fiscal Advisory Council. 2021. Fiscal Assessment Report, May. Dublin: Irish Fiscal Advisory Council.

Ito, Takatoshi, and Takeo Hoshi. 2020. The Japanese Economy. 2nd ed. Cambridge, MA: MIT Press.

Kiley, Michael. 2020. "The global equilibrium real interest rate: Concepts, estimates, and challenges." Annual Review of Financial Economics 12 (1): 305–226.

Kocherlakota, Narayana. 2021. "Public debt bubbles in heterogenous agent models with tail risk." NBER Working Paper 29138, August.

Krishnamurthy, Arvind, and Annette Vissing-Jorgensen. 2012. "The aggregate demand for treasury debt." Journal of Political Economy 120 (2): 233–267.

Krugman, Paul. 1998. "It's back: Japan's slump and the return of the liquidity trap." Brookings Papers on Economic Activity 2: 137–205.

Laubach, Thomas, and John Williams. 2003. "Measuring the natural rate of interest." Review of Economics and Statistics 85 (4): 1063–1070.

Leigh, Daniel, Pete Devries, Charles Freedman, Jaime Guajardo, Douglas Laxton, and Andrea Pescatori. 2010. "Will it hurt? Macroeconomic effects of fiscal consolidation." World Economic Outlook (October): 93–124.

Lerner, Abba. 1943. "Functional finance and the federal debt." Social Research 10 (1): 38–51. Lorenzoni, Guido, and Ivan Werning. 2019. "Slow moving debt crises." American Economic Review 109 (9): 3229–3263.

Lunsford, Kurt, and Kenneth West. 2019. "Some evidence on secular drivers of US safe real rates."

American Economic Journal: Macroeconomics 11 (4): 113–139.

Luo, Kevin, Tomoko Kinusaga, and Kai Kajitani. 2020. "Dynamic efficiency in world economy." Prague Economic Papers 29 (5): 522–544.

Maravalle, Alessandro, and Łukasz Rawdanowicz. 2020. "How effective are automatic stabilizers in the OECD countries?" OECD Economics Department

Working Paper 1635, December.

Martin, Philippe, Jean Pisani-Ferry, and Xavier Ragot. 2021. "Reforming the European fiscal framework." Les notes du conseil d'analyse économique 63 (April).

Maruyama, Toshitaka, and Kenji Suganuma. 2019. "Inflation expectations curve in Japan." Bank of Japan Working Paper Series 19-E-6, April.

Masuch, Klaus. 2021. "Monetary, fiscal and financial policy interactions: Conceptual and policy considerations." ECB Working Paper.

Mauro, Paolo, and Jing Zhou. 2021. "r − g < 0: Can we sleep more soundly?" IMF Economic Review (January 2021): 197–229.

Mehra, Rajnish, and Edward Prescott. 1985. "The equity premium: A puzzle." Journal of Monetary Economics 15 (2): 146–161.

Mian, Atif, Ludwig Straub, and Amir Sufi. 2021a. "A goldilocks theory of fiscal policy." Unpublished manuscript, Princeton University, August.

Mian, Atif, Ludwig Straub, and Amir Sufi. 2021b. "What explains the decline in r^*? Rising income inequality versus demographic shifts." Paper prepared for the Jackson Hole Economic Symposium, August.

Michau, Jean-Baptiste. 2020. "Fiscal policy under secular stagnation: An optimal pump priming strategy." Unpublished working paper, December.

Obstfeld, Maurice. 2020. "Global dimensions of US monetary policy." International Journal of Central Banking (February): 73–132.

Pethe, Jean-Baptiste. 2021. "The case for higher equilibrium interest rates." Exane BNP Paribas Economics Research, August 2021.

Phelps, Edmund. 1961. "The golden rule of accumulation: A fable for growth men." American Economic Review 51 (4): 638–643.

Piketty, Thomas. 2014. Capital in the Twenty-First Century. Cambridge, MA: Harvard University Press.

Pisani-Ferry, Jean. 2021. "Climate policy is macroeconomic policy, and the implications will be significant." PIIE Policy Brief 21-20, August.

Platzer, Josef, and Marcel Peruffo. 2021. "Secular drivers of the natural rate of interest in the United States." Brown University Working Paper, April.

Posen, Adam. 1999. "Implementing Japanese recovery." PIIE Policy Brief 99-1, January.

Rachel, Łukasz, and Lawrence Summers. 2019. "On secular stagnation in the industrialized world." NBER Working Paper 26198, August.

Ramey, Valerie. 2019. "Ten years after the financial crisis: What have we learned from the renaissance in fiscal research? Journal of Economic Perspectives 33 (2): 89–114.

Reis, Ricardo. 2020. "The constraint on public debt when $r < g$ but $g > m$." London School of Economics Working Paper, December.

Reis, Ricardo. 2022. "The fiscal revenue from public borrowing." London School of Economics Working Paper, January.

Rogoff, Kenneth. 2017. The Curse of Cash: How Large-Denomination Bills Aid Crime and Tax Evasion and Constrain Monetary Policy. Princeton, NJ: Princeton University Press.

Romer, David. 2012. Macroeconomics. New York: McGraw-Hill.

Romer, David, and Christina Romer. 2019. "Fiscal space and the aftermath of financial crises: How it matters and why." Brookings Papers on Economic Activity (Spring): 239–331.

Schmelzing, Paul. 2020. "Eight centuries of global real interest rates, R-G, and the 'suprasecular' decline, 1311–2018." Bank of England Staff Working Paper 845.

Schnabel, Isabel. 2021. "Unconventional fiscal and monetary policy at the zero lower bound." Speech at the Third Annual Conference of the European Fiscal Board, Frankfurt am Main, February 26.

Springel, Katalin. 2021. "Network externality and subsidy structure in two-sided markets: Evidence from electric vehicle incentives." American Economic Journal: Economic Policy 13 (4): 393–432. Standard and Poor's. 2019. How We Rate Sovereigns.

Stansbury, Anna, and Lawrence Summers. 2020. "The end of the golden age of banking? Secular stagnation is about more than the zero lower bound." Harvard University Working Paper.

Summers, Lawrence. 1990. "What is the social return to capital investment?" In Growth, Productivity, and Unemployment, Essays in Honor of Robert Solow, edited by Peter Diamond, 113–141. Cambridge, MA: MIT Press.

Summers, Lawrence. 2014. "Reflections on the new secular stagnation hypothesis." In Secular Stagnation: Facts, Causes and Cures, edited by C. Teulings and R. Baldwin, 27–38. London: CEPR.

Summers, Lawrence. 2016. "Secular stagnation and monetary policy." Federal Reserve Bank of Saint Louis Review 98 (2): 93–110.

Summers, Lawrence. 2021. "The Biden stimulus is admirably ambitious. But it brings some big risks, too." Washington Post, February 4.

Timbeau, Xavier, Elliot Aurissergues, and Éric Heyer. 2021. "Public debt in the 21st century: Analyzing public debt dynamics with debtwatch." OFCE Policy Brief, October.

Ubide, Angel. 2017. The Paradox of Risk: Leaving the Monetary Policy Comfort Zone. Washington, DC: Peterson Institute for International Economics.

Von Weizsacker, Carl Christian, and Hagen Kramer. 2021. Saving and Investment in the Twenty-First century: The Great Divergence. Cham, Switzerland: Springer.

Wicksell, Knut. 1936. Interest and Prices. Translation by R. F. Kahn of the 1898 edition. London: Macmillan.

Woodford, Michael. 1990. "Public debt as private liquidity." American Economic Review Papers and Proceedings 80 (2): 382–388.

Zenios, Stavros, Andrea Consiglio, Marialena Athanasopoulou, Edmund Moshammer, Angel Gavilan, and Aitor Erce. 2021. "Risk management for sustainable sovereign debt financing." Operations Research 69 (3): 755–773.